基金投资入门与实战技巧

罗斌◎著

时代出版传媒股份有限公司
北京时代华文书局

图书在版编目（CIP）数据

基金投资入门与实战技巧 / 罗斌著．一北京：北京时代华文书局，2015.1（2021.8重印）
ISBN 978-7-5699-0077-4

Ⅰ.①基… Ⅱ.①罗… Ⅲ.①基金－投资－基本知识 Ⅳ.①F830.59

中国版本图书馆CIP数据核字（2015）第009278号

基金投资入门与实战技巧

JIJIN TOUZI RUMEN YU SHIZHAN JIQIAO

著　　者｜罗　斌

出 版 人｜陈　涛
选题策划｜穆秋月
责任编辑｜袁思远
装帧设计｜润和佳艺
责任印制｜訾　敬

出版发行｜北 京 时 代 华 文 书 局　http://www.bjsdsj.com.cn
北京市东城区安定门外大街136号皇城国际大厦A座8楼
邮编：100011　电话：010-64267120　64267397
印　　刷｜唐山市铭诚印刷有限公司　010-69590252
（如发现印装质量问题，请与印刷厂联系调换）
开　　本｜787×1092mm　1/16
印　　张｜14.5
字　　数｜250千字
版　　次｜2015年2月第1版　2021年8月第9次印刷
书　　号｜ISBN 978-7-5699-0077-4
定　　价｜35.00元

前言

PREFACE

“你不理财，财不理你，理财要趁早！”这一理念如今已深入人心。基金作为众多理财工具的一种，曾一度用惊人的业绩证明了其存在的价值，从而使得它从少数家庭的理财手段，一跃成为街头巷尾津津乐道的理财话题。

如今，越来越多的投资人开始加入到基民的行列。但是，并不是所有的基民都达到了投资的目的，在基金市场，不断上演着“几家欢乐几家愁”的故事。虽说“高收益、低风险”是基金区别于其他理财产品的一个特色，但是，要想通过投资基金获益，我们还需要事先对其进行一番研究。伟大的投资家巴菲特就表示自己从不投资自己不熟悉的行业。如在20世纪90年代的互联网投资盛宴中，巴菲特就没给好朋友比尔·盖茨的微软投过一分钱。同样，我们要投资基金，也要做到“明明白白买基金”。

目前，市面上的基金有好几百只，可谓“乱花渐欲迷人眼”。如何选择基金，顺利找到自己心目中的“聚宝盆”？如何才能做好自己的投资计划？如何才能成为基金投资高手……

上述一系列问题都摆在基民面前，对这些问题，本书都一一做出了详细的解答。

《基金投资入门与实战技巧》一书从基金的基础知识入手，秉着“实用性”与“可操作性”这一宗旨，逐层逐步地介绍了投资基金的相关技巧，其内容包括基金的运作和挑选、基金的买卖、基金转换与转托管、基金定投、构建基金投资组合、各类基金的投资策略、基金的风险控制等，力求帮助投资者走好基金理财的每一步。它是广大基民认识、了解并熟练掌握基金投资技巧的入门手册和操作指南。

如果您还在为投资基金苦恼，不妨阅读此书，相信它能够对您的投资有所帮助。《基金投资入门与实战技巧》一书适用的读者群体广泛，既能帮助“入门者”快速地了解基金投资的必要知识和投资技巧，又能引导“入市者”理性地做出投资决策，让您在未来的投“基”道路上走得更加顺畅。

目录
CONTENTS

第一章 明明白白买基金

第三章 基金转换与转托管

第四章 基金定投，让小钱变大钱

第八章 指数型、ETF、LOF、QDII基金投资技巧

第一章
明明白白买基金

不熟不做。投资者成功与否，是与他是否真正了解这项投资的程度成正比的。

——沃伦·巴菲特

第一节 认识基金

在日常生活中，我们常听人感叹：如果把某人（物）和某人（物）优点都综合起来就好了，从某种程度上说，证券投资基金（简称“基金”），就是这样一种产物。我们都知道，利润与风险是成正比的。在投资产品中，炒股获利可能最多，风险也可能最高。储蓄获利少，风险也小。把股票与储蓄的优势集中再平均一下，就是基金的优势了。当然，这仅仅只是个比喻。那么，要想通过投资基金来获取收益，我们就有必要先明确一个问题，即基金是什么？

我们现在所说的基金一般是指证券投资基金，它既是一种投资方式，也是一种理财工具。

证券投资基金是一种利益共享、风险共担的集合证券投资方式，即通过发行基金单位集中投资者的资金，由基金托管人托管，由基金管理人管理和运用资金，从事股票、债券、外汇、货币等金融工具投资，以获得投资收益和资本增值。

简单来讲，基金就是汇集投资者的资金，然后交给专业的机构投资于股票或债券等证券，以获取投资利润的一种理财工具。

证券投资基金作为一种以信托关系为基础的资金组织形式起源于英国。由于产业革命极大地推动了英国生产力的发展，国民收入大幅度增加，社会财富迅速增长，人们的投资欲望也随之产生，却苦于资金量小和缺乏国际投资经验，因此萌发集合众多投资人资金，委托专人经营和管理的想法，证券投资基金由此诞生。

一、基金的运作流程

俗话说，知己知彼方能百战百胜。因此，在购买基金前，我们首先也必须弄清楚基金投资到底是怎么一回事。

为了更简明地说明基金的概况，我们先来看实际生活中的一个例子。

假如你有一笔闲钱想用于投资，虽说投资的渠道有多种，但一来你不知道怎样做投资，二来你也没有足够的精力去琢磨它，三来你手中的资金有限，这限制了你的投资渠道，而你却又想让这笔钱为你带来更多的财富，此时，你会怎么办呢？

找合伙人，找几个熟悉的朋友共同出资，然后由其中投资能力最强的人进行操作，这样你便可以按照投资的比例分享收益了。这无疑是一个好办法。

在这种模式下，这个“投资高手”负责这些资金的投资活动，其他出资人不得无故干涉，同时，“投资高手”必须定期或不定期地向出资人（投资者）公布资金的用途、盈亏情况等信息。

从某种程度上说，基金管理公司的角色与上述我们提到的“投资高手”有点类似，它是经中国证监会审批的，为投资者负责投资项目的具体运作管理，并定期向投资者公布基金的资产和收益情况，而投资者则需要向其支付一定的费用。

接下来就会产生这样一个问题：投资者将钱交给基金公司，那如何才能保证这些财产的安全呢？为了解决这个问题，证监会规定，基金公司只负责交易操作，而记账、管钱的事则交给信用高的银行来负责——这被称为基金托管。于是，银行也从投资人的资产中按比例收取一定的费用，这就是基金托管费。

为了方便更多的人进行买卖，基金公司便将基金放在证券交易市场挂牌，它可以在市场上做交易，所以也被称为“上市基金”。概括起来，基金的运作流程主要分为如表1-1所示的三个环节，具体内容如下。

表1-1 基金运作流程

基金运作程序	相关说明
汇集资金	投资者资金汇集成基金
资金管理人将其用作投资	该基金委托投资专家——基金管理人投资运作 其中：投资者、基金管理人、基金托管人通过基金契约方式建立信托协议，确立投资者出资、基金管理人受托负责理财、基金托管人负责保管资金三者之间的信托关系；基金管理人与基金托管人（主要是银行）通过托管协议确立双方的责权
分配收益	基金管理人经过专业理财，将投资收益分予投资者

而在上述环节中，又可细分为若干步骤。下面，我们以开放式基金为例，简要地介绍一下基金运作的具体流程。

大体说来，开放式基金的运作，主要包括基金的发起和设立、基金的销售、基金的申购和赎回、基金买卖的注册登记、基金的投资管理、基金的信息披露、基金的收益分配等内容。

1. 基金的发起和设立

开放式基金是由经中国证监会批准的基金管理公司发起设立的。基金管理人申请设立开放式基金，首先必须上报有关法律文件，如设立开放式基金的申请报告、基金契约、基金托管协议、基金招募说明书、销售协议、注册登记协议等。

中国证监会收到文件后对基金管理人资格、基金托管人资格、托管协议及其他相关文件的完整性和准确性进行审核，如果符合有关标准，则批准基金管理人进行基金的销售工作。

2. 基金的销售

封闭式基金是在证券交易所上市的一种基金，投资者不可以向基金公司买卖基金份额，只能通过证券交易市场，和股票一样，按照市场价格进行基金份额的转让。因此，封闭式基金不需要销售机构为其销售基金份额，直接在证券交易市场进行基金份额的转让即可。但是，开放式基金则不同，它只能通过一定的销售机构进行基金份额的申购（认购）或赎回。

对开放式基金而言，其销售机构有两种：一种是代销机构；另一种是直销机构。

所谓代销，是指基金管理公司通过其他具有代销资格的机构，向投资者售出基金。主要包括下列两种形式。

（1）去银行网点现场买基金。

（2）在证券公司购买，无论是电话委托还是网上委托，都是代销。

直销是指基金管理公司通过自己的直销中心（理财中心）直接向投资者售出自己的基金。

与代销相比，直销在交易方式和赎回资金方面更为便捷。

另外，基金管理公司为了使得自己的投资策略更加吸引投资者的眼球，从而获得更多的投资，即便是同一类型的基金，有时其基金名称前也会被冠以不同的字眼，如稳健、成长、增长之类。

3. 基金的申购和赎回

投资者到基金管理公司或选定的基金代销机构开立基金账户，按照规定的程序申购或赎回基金。

4. 基金买卖的注册登记

投资者买卖基金份额后，由注册登记机构在其基金账户中进行登记。

开放式基金单位的注册登记业务可以由基金管理人办理，也可以委托商业银行或者中国证监会认定的其他机构办理。

5. 基金的投资管理

基金的投资管理即基金公司按照所公布的基金契约进行基金的投资与管理，如投资多少比例的资金于股票市场、多少比例的资金投资于债券市场等。

6. 基金的信息披露

为了让基金持有人或潜在的投资者了解到基金的运营情况，基金管理人和基金托管人必须向公众披露与积极运作相关的信息，它是公众了解基金运营情况的一个重要渠道，也是规范基金运作的一个重要方面。

（1）信息披露的内容

根据《证券投资基金信息披露管理办法》第五条的规定，公开披露的基金信息包括：基金招募说明书；基金合同；基金托管协议；基金份额发售公告；基金募集情况；基金合同生效公告；基金份额上市交易公告书；基金资产净值、基金份额净值；基金份额申购、赎回价格；基金定期报告，包括基金年度报告、基金半年度报告和基金季度报告；临时报告；基金份额持有人大会决议；基金管理人、基金托管人的基金托管部门的重大人事变动；涉及基金管理人、基金财产、基金托管业务的诉讼；澄清公告；中国证监会规定的其他信息。

公开披露基金信息，不得有下列行为：虚假记载、误导性陈述或者重大遗漏；对证券投资业绩进行预测；违规承诺收益或者承担损失；诋毁其他基金管理人、基金托管人或者基金份额发售机构；登载任何自然人、法人或者其他组织的祝贺性、恭维性或推荐性的文字；中国证监会禁止的其他行为。

（2）信息发布平台

法定披露的信息由基金管理人编制，基金托管人复核，于规定时限内在中国证监会指定的信息披露报刊和网站上发布。

二、了解基金的当事人

我国的基金依据基金合同设立，基金持有人、基金管理人与基金托管人是基金的当事人。

1. **基金持有人**

基金持有人就是指基金投资人，也就是基金资产的所有者和基金投资的受益人。基金持有人可以是自然人，也可以是法人。无论哪一种基金，只要投资者买入某种基金单位，就成为相应基金的持有人。

2. **基金管理人**

基金管理人是负责基金的具体投资操作和日常管理的机构，也就是投资人所雇用的投资专家。基金管理人由基金管理公司担任。其主要职责就是按照基金合同的规定，负责基金资产的运作，做好风险控制，为基金投资者赚取最大的投资收益。

3. **基金托管人**

基金托管人是依据基金运行中“管理与保管分开”的原则对基金管理人进行监督和保管基金资产的机构，是基金持有人权益的代表。

我国规定，经批准设立的基金应委托商业银行作为托管人。其职责主要体现在基金资产保管、基金资产清算、会计复核以及对基金投资运作的监督等方面。

基金的三方当事人在基金的运作过程中形成三角关系：基金持有人作为委托基金管理人投资，委托基金托管人托管；管理人接受委托进行投资管理，监督托管人并接受托管人的监督；托管人保管基金资产，执行投资指令，同时，监督管理人并接受管理人的监督。

因此，基金持有人与基金管理人之间是委托人、受益人与受托人的关系；基金持有人与基金托管人之间是委托人与受托人的关系；基金管理人与基金托管人之间是平行受托和互相监督的关系。

在基金的主要当事人中，基金经理（是受基金管理人的委托，对基金进行管理和运作的负责人）在基金管理中发挥着极其重要的作用，其管理的好坏对整个基金业绩具有至关重要的影响。

三、基金理财的四大优势

相对股票等其他投资工具而言，投资基金的风险相对较低且有专业人员管理，所以成为很多人选择投资理财的一种方式。具体而言，基金作为一种理财工具，主要具有如下4个方面的优势。

1. 这是一种轻松简单的理财方式

与其他投资工具相比，投资基金的门槛较低。多数基金一般只需1000元就可以投资了（若选择基金定投这种方式则起点更低，每月只需几百元），而买房、收藏等投资，则需要一笔庞大的资金才能操作。

杜小姐今年25岁，她是“月光族”的一员，工作三年了，几乎没什么积蓄。对此，她也不在意，但一次大学同学聚会让她的思想有了转变。

在同学聚会上，她了解到在收入上，大家的差别不是很大，但目前的境遇却不太一样。有的同学已经以按揭贷款的方式买了房，有的同学在为自己的出国留学积攒教育基金……

从聊天中得知，他们都有自己的理财方法：有的是自己做兼职，有的拿出自己的部分工资用来买基金等。其中，投资基金的这一理财方式让杜小姐印象很深刻。

从此以后，杜小姐一有空就开始学习基金投资的相关知识，并积极向有投资基金经验的同学请教。在对基金有了大体的了解后，杜小姐开始了她的理财之路。

首先，她对工资进行了合理的分配。

杜小姐在北京上班，每月工资将近7000元。减去日常开支加上给父母的钱，她每月还能剩余2000元，对这剩余的部分，她将其一分为二：一部分存入银行；一部分进行基金投资，她买了某只基金，到年底时，基金的收益率高达15%。

另外，她坚持自己的理财方式，不盲目跟风。

“投资方式有很多，我不会盲目地跟着别人去投资，我会根据自己的判断，并结合理财专家的意见来调整我的投资计划。”

一年之后，杜小姐感慨地说道：“以前我不理财，财也不理我。现在我通过投资基金，让自己从‘月光族’中退了出来，年底时我已经有了一笔小小的积蓄。”

例子中的杜小姐通过投资基金，从而使得自己的资产有所增加。的确，如今基金是介于债券与股票之间的一种受大众欢迎的投资理财工具，它既能获得较高的收益，也能分散风险，使资产得到相对的保证。

2. 能享受专业理财的服务

我们每个人都希望自己手中的资金能够增值，而基金是由具有丰富投资管理经验的经理人管理，投资者只需承担极低费用，便可享受经理人的专业理财服务。

3. 风险相对较低

众所周知，证券类投资风险较高，如股票，它的升跌涉及很多因素，具有很大的不确定性。

相对于股票，基金投资就不存在此问题了，基金投资将各散户的钱集合起来统一投资，其投资组合方式是专业人士分析出来的，能够最大限度降低投资风险。因为在这一方式下，某些基金的损失可以用其他部分的盈利来补充。

4. 投资便利，流动性强

证券投资基金最低投资量起点要求一般较低，可以满足小额投资者对于证券投资的需求，投资者可根据自身财力决定对基金的投资金额。证券投资基金大多有较强的变现能力，投资者收回投资时非常便利。

四、树立正确的投资心态

基金具有集合理财、专业管理、组合投资、分散风险的优势和特点，因而基金受到不少投资者的青睐。然而对新基民来说，最重要的是首先要树立正确的投资理念和投资心态。

1. 充分认识到基金投资也是有风险的

首先，基民应充分认识到“只要是投资就会有风险”这个事实。在投资之前对投资的基金产品的特点、种类、基金公司等有充分地了解，不要盲目投资。事实证明，只有充分地了解市场，了解公司和产品的潜力，才能做好风险控制。

2. 将基金当作是长期投资的一项工具

基民需要对基金有个清醒的认识，即基金是长期理财工具，而绝非短期暴利工具。

基民对在牛市中长期持有基金并无异议。然而在经历了2008年的惨痛下跌后，不少人对于基金长期投资理念产生了些许的怀疑。不可否认，短期内的剧烈波动是股市的基本特征。从根本来看，基金的长期投资是以时间来抹平短期的波动，增加盈利的概率。

3. 购买适合自己的基金

不同投资者的风险承受能力不同，而且随着年龄、时间跨度、投资目标等因素的不断变化，投资者的风险承受水平也会发生改变。世界上没有一种基金能够适用于所有投资者。而想要找到适合自己的基金，投资者就必须清楚地了解自身的风险承受水平和准备投资的基金产品的风险收益状况是否匹配。因此，基民投资基金，需要根据自身的需求和实际情况做出合理的投资计划。

4. 不要盲目跟风

刘先生几年前创办了一家属于自己的公司。虽然目前公司规模不大，但每年也能完成上百万收入的目标，几年下来，他也积累下了一笔财富。

前段时间，刘先生在朋友建议下，拿出一部分钱来做投资。由于他对基金和股票一窍不通，又嫌没有时间去打理股票，于是选择了基金。但现在市场上的几百只基金，究竟该怎么选呢？正好，他的一个资深基民朋友买了某一只基金，抱着省时、省事还想“捞”一把的心态，他也“跟风”把钱全部投了进去。

刘先生这种盲目的从众心态是不可取的，建议找理财方面的专家咨询，然后再根据自身的情况制订出适合自己风险偏好的理财计划。

总之，投资基金要根据自己的实际情况来制订相应的投资计划，同时做到不盲目，保持良好的心态，才是投资获利的保障。

第二节 基金的类别及专业术语

基金是一种适合普通大众的投资理财方式。而在购买基金之前，投资者有必要事先了解基金的种类，然后再选择适合自己的一只或多只基金，构建自己的投资组合，让自己的投资收益达到最大化。

一、基金的类型

基金有很多种，根据不同标准可将投资基金划分为不同的种类，具体内容如表1-2所示。

表1-2 基金的类别

划分标准	基金类别	相关说明
根据基金是否可增加或赎回分类	开放式基金	指基金设立后，投资者可以随时申购或赎回基金单位，基金规模不固定的投资基金
	封闭式基金	指基金规模在发行前已确定，在发行完毕后的规定期限内，基金规模固定不变的投资基金
根据组织形态的不同分类	公司型投资基金	即由具有共同投资目标的投资者组成以盈利为目的的股份制投资公司，并将资产投资于特定对象的投资基金
	契约型投资基金	指基金发起人依据其与基金管理人、基金托管人订立的基金契约，由发行基金单位组建的投资基金

续表

根据投资风险与收益的不同分类	成长型基金	是指把追求资本的长期成长作为其投资目的的投资基金
	收入型基金	收入型基金是主要投资于可带来现金收入的有价证券，以获取当期的最大收入为目的。收入型基金资产成长的潜力较小，损失本金的风险相对也较低，一般可分为固定收入型基金和权益收入型基金
	平衡型基金	是指投资目标既要获得当期收入，又要追求长期增值，通常是把资产总额的25%~50%用于优先股和债券，其余的用于普通投资，以保证资金的安全性和盈利性
根据投资对象的不同分类	股票基金	是指以股票为投资对象的投资基金
	债券基金	是指以债券为投资对象的投资基金
	货币市场基金	是指以国库券、大额银行可转让存单、商业票据、公司债券等货币市场短期有价证券为投资对象的投资基金
	期货基金	是指以各类期货品种为主要投资对象的投资基金
	期权基金	是指以能分配股利的股票期权为投资对象的投资基金
	指数基金	是指以某种证券市场的价格指数为投资对象的投资基金
	认股权证基金	是指以认股权证为投资对象的投资基金

表1-2中很清晰地说明了根据基金是否可以增加或赎回，证券投资基金可分为开放式基金和封闭式基金，它们共同构成了基金的两种基本运作方式，为了便于基民更好地对这两种基金有清楚的认识，表1-3列出了两者的主要区别。

表1-3 开放式基金与封闭式基金的区别

区别之处	相关说明
基金规模的可变性不同	封闭式基金均有明确的存续期限（我国为不得少于5年），在此期限内已发行的基金份额不能被赎回。虽然特殊情况下此类基金可进行扩募，但扩募应具备严格的法定条件。因此，在正常情况下，基金规模是固定不变的；而开放式基金所发行的基金份额是可赎回的，而且投资者在基金的存续期间内也可随意申购基金份额，导致基金的资金总额每日均不断地变化。换言之，它始终处于“开放”的状态。这是封闭式基金与开放式基金的根本差别
交易方式不同	封闭式基金只能在证券交易所以转让的形式进行交易；开放式基金的交易是通过银行或代销网点以申购、赎回的形式进行
交易价格决定因素不同	封闭式基金的交易价格受市场供求关系等因素影响较大，不完全取决于基金资产净值；开放式基金的价格则是严格由基金单位净值所决定，不会出现折价现象
投资策略不同	由于封闭式基金不能随时被赎回，其募集得到的资金可全部用于投资，这样基金管理公司便可据以制订长期的投资策略，取得长期经营绩效；而开放式基金则必须保留一部分现金，以便投资者随时赎回，而不能尽数用于长期投资。一般投资于变现能力强的资产

二、与基金相关的专业术语

在进行基金投资前，我们需要了解一些与基金相关的专业术语，只有了解了这些基础知识，才能有效地进行基金投资，从而避免一些不必要的麻烦和损失。具体内容如表1-4所示。

表1-4 与基金相关的专业术语

专业术语	术语解释
建仓	对于基金公司来说就是指一只新基金公告发行后，在认购结束的封闭期间，基金公司用该基金第一次购买股票或者投资债券等（具体的投资要视该基金的类型及定位来确定）。对于私人投资者，比如说广大基民朋友，建仓就是指第一次买基金
持仓	即你手上持有的基金份额
加仓	是指建仓时买入的基金净值涨了，继续加码申购
补仓	指原有的基金净值下跌，基金被套一定的数额，这时于低位追补买进该基金以摊平成本
满仓	就是将所有的资金都买了基金，就像仓库满了一样。大额资金投入的叫大户，更大的叫庄家；小额资金投入的叫散户，更小的叫小散户
半仓	即用一半的资金买入基金，账户上还留有一半的现金。如果是用70%的资金叫7成仓，用50%的资金叫5成仓……以此类推。如果你有2万资金1万买了基金，就是半仓，称半仓操作，表示没有把资金全部投入，是降低风险的一个措施
空仓	即把某只基金全部赎回，得到所有资金；或者把全部基金赎回，手中持有现金
平仓	容易和空仓搞混，请大家注意区分。平仓即买入后卖出，或卖出后买入。比如今天赎回某一只基金，等赎回资金到账后，又将赎回的资金申购另一只基金，相当于调整自己的基金持有组合
做多	表示看好后市，现以低净值申购某基金，等净值上涨后收益
做空	认为后市看跌，先赎回基金，避免更大的损失。等净值真的下跌再买入平仓，待净值上涨后赚取差价
踏空	由于基金净值一直处于上涨之中，净值总是在自己的心理价位之上，无法按预定的价格申购，一路空仓，就叫踏空

续表

逼空	是指基金涨势非常强劲，基金净值不断抬升，使做空者（即后市看跌而先期卖出的人）一直没有好的机会介入，亏损不断扩大，最终不得不在高位买入平仓。这个过程叫逼空
重仓	是指这只基金买某种股票，投入的资金占总资金的比例最大，这种股票就是这只基金的重仓股。同理如果你买了三只基金，有70%的资金都投资在其中一只上，那么这只基金就是你的重仓
基金的发行价格	是指基金发行时由基金发行人所确定的向基金投资人销售基金单位的价格
基金的市场价格	是指基金投资人在证券市场上买卖基金单位的价格
基金净值	基金净值=（总资产-总负债）÷基金份额总数
基金累计单位净值	是指基金成立以来为每个基金单位创造的总价值。由于在基金分红时会将一部分盈利分配给投资者，这时基金净值会减少，但累计单位净值并不会因分红而减少。因此，累计单位净值可以比较直观和全面地反映基金在运作期间的历史表现
基金开放日	指基金契约中规定的投资者可以在销售网点办理基金交易业务的日期
基金拆分	又称拆分基金，是指在保持基金投资人资产总值不变的前提下，改变基金份额净值和基金总份额的对应关系，重新计算基金资产的一种方式
基金的收益率	即基金证券投资实际收益与投资成本的比率
个人投资者	相对机构投资者而言，个人投资者是指符合法律法规规定的条件可以投资证券或基金的自然人
基金募集期	是指基金合同和招募书中载明的，并经中国证监会核准的基金份额募集期限

下面重点对基金收益率做进一步地说明，因为投资者最关心的是投资回报问题，那么如何衡量投资回报呢？我们通常用投资收益率来衡量，收益率也就是说每投1块钱能赚得多少收益。

基金买卖是需要缴纳一定的费用的，因此，基民通过分红与净值差价所获得的收益还要减去认购或申购费、赎回费，这才是投资基金的实际收益。

衡量基金收益率最重要的指标是基金投资收益率，基金收益率的计算公式如下。

收益率=收益÷申购金额×100%

收益=当日基金净值×基金份额×（1−赎回费率）−申购金额+现金分红

为了让读者更清晰地了解其计算方法，下文给出了一个示例。

尹女士一年前以1.2元的价格，花了10000元申购了某只基金，如今，该只基金的净值已经上涨到1.55元，其基金收益率是多少呢？

从尹女士那得知，当初的申购费率是1.5%，赎回费率是0.5%，并且期间没有分红。

申购的基金份额=10000÷（1+1.5%）÷1.2=8210.18份

基金资产=8210.18×1.55=12725.78元

基金收益=12725.78×（1−0.5%）−10000=2662.15元

基金收益率=2662.15÷10000×100%≈26.62%

可以这样说，投资收益率的值越高，则基金证券的收益能力越强。

第三节 基金的购买渠道

了解了基金的相关知识，我们还需清楚基金购买的渠道。目前国内购买基金，主要有三大渠道，具体内容如下。

一、通过证券公司购买

投资者如果有股票账户，可通过在证券公司的证券交易账户和资金账户进行基金投资。

对于工薪阶层或年轻白领来说，更加适合通过证券公司网点这一平台来买卖基金。

二、通过银行柜台和网上银行购买

银行是最传统的代销渠道。对投资者来说，银行最大的优点在于其服务网点多，非常方便。但其也有不足之处：其一，银行代销的基金种类有限，不同银行代销的基金种类也不同。投资者如果要购买多只基金，往往难以在一家银行办理妥当。其二，银行通常并不代销一家基金公司旗下的所有基金，这就给以后可能需要的基金转换等业务带来麻烦。其三，通过银行购买基金，一般不能获得申购费的优惠。

然而随着网上银行客户群的发展，以网银支付为基础的基金网上交易也渐入人心。对投资者来说，这种方式不但能够免去排队的烦恼，还能够享受不同幅度的申购费率优惠。

三、通过基金公司直销中心购买

基金公司直销柜台能够利用对自身产品最为了解的优势，为客户带来比较详尽的产品信息，有助于客户挑选最适合自己的基金产品。

因而，对于缺乏相关投资经验，并且希望得到更详细、更专业的理财指导的基民来说，直接去基金公司直销柜台，先开个基金账户，向直销柜台工作人员详细询问各个基金的运作及业绩之后，根据自己的风险偏好，选择一只或几只适合自己的基金是购买基金的最好方式。

第四节 基金账户的开户及销户

基金账户用来记载投资者的基金持有情况及变更情况，如果投资者决定购买某公司旗下的基金，就必须到该基金公司指定的销售网点开立基金账户。

一、开立基金账户

进行基金投资，需要首先开立基金交易账户。基金账户是基金管理公司识别投资者的标识，是注册登记中心为投资者开立的，用于记载投资者基金所有权及其变更信息的账户。

1. 开立基金账户需提交的资料

各销售机构在受理投资者开立基金账户的申请时，会要求个人投资者向销售机构提交开户申请表和如下资料。

（1）本人有效身份证件（身份证、军官证、士兵证、护照等）的原件及复印件。

（2）预留印鉴卡。

（3）填妥的业务申请表。

（4）指定银行账户的证明文件及复印件。

（5）代办人有效身份证件原件及复印件和本人的授权委托书（如非本人亲自办理）。

2. 开立基金账户的途径

投资者在参与开放式基金认购、申购、赎回等业务之前必须到基金管理公司的销售机构，即在各地的直销网点或代销网点申请开立基金账户。

对某一基金管理公司而言，每个投资者只能申请开立一个基金账户。基金账户由注册登记人集中确认发放。

若销售机构T日受理投资者开立基金账户的申请，则注册登记中心T+1日（第二日）提供投资者的基金账户号，投资者可于T+2日（第三日）在销售机构查询基金账户开户是否成功。

（1）在基金公司开立基金账户

到基金公司开立基金账户，首先需要带上身份证到基金公司指定的银行办理银行卡，同时开通网上银行服务。然后到基金公司的网站上开通基金账户，这样就可以进行基金交易了。

（2）在银行开立基金账户

投资者通过银行代销网点办理基金业务时，必须先开立基金交易账户。该账户用于记载投资者进行基金交易活动的情况和所持有的基金份额。每个投资者只能申请开立一个基金交易账户。

为了便于后续操作，在开户的同时，可以开通网上银行和电话银行业务，以后的操作就不必每次都去柜台办理。

（3）在证券公司开立账户

对于没有开通股票账户的投资者而言，通过证券公司开立基金账户则要比前两种方式稍微复杂一点。

到证券公司去开立基金账户，需要分两步走：首先要开通证券公司基金账户；其次开立基金账户。开立证券公司资金账户，不仅要在证券公司柜台办理相关的业务，还需到银行办理相应的账户，并开通银证转账。

基金分为开放式基金和封闭式基金两种，开放式基金可以到各基金的销售网点去开户，而封闭式基金必须开通股票账户，像买卖股票一样购买。

二、基金账户销户

基金账户销户指应投资者要求，注册登记机构为投资者撤销基金账户资料和信息的业务。

1. 基金账户销户需满足的条件

若投资者办理基金账户的销户，应同时满足以下前提条件。

（1）该基金账户状态正常。

（2）无任何基金份额和基金在途业务及权益。

2. 需提供的资料

投资者申请注销基金账户，必须提供注册登记中心要求提供的相关资料。对个人投资者来说，需提供以下材料。

（1）填妥并盖有预留印鉴的业务申请表。

（2）本人的有效身份证原件和复印件。

（3）代办人有效身份证件原件及复印件和本人的授权委托书（如非本人亲自办理）。

（4）基金账户卡或交易账号卡原件。

第五节 基金买卖需支付的费用

就像所有服务行业一样，投资人享有金融服务是需要付费的。那么，投资基金需要哪些费用呢?

一、基金交易的手续费

基金交易的手续费是指在买入或卖出基金时支付给销售机构的费用，用来弥补基金销售机构因为办理相关手续而产生的成本。目前国内基金的销售手续费费率一般在基金金额的1％～1.5％之间。在基金发行期的销售手续费叫认购费用，发行期结束后的日常销售费用叫申购费用。

买卖封闭式基金的手续费俗称佣金，用以支付给证券商作为提供买卖服务的代价，目前法规规定的基金佣金上限为每笔交易金额的3%，佣金下限为每笔人民币5元，证券商可以在这个范围内自行确定费用比率。

转换费用指投资者按基金管理人的规定在同一基金管理公司管理的不同开放式基金之间转换投资所需支付的费用。通常情况下，此项费用率很低，一般只有百分之零点几。与基金公司策略有关，也有的公司不收取转换费。

二、基金管理费

基金管理费是支付给基金管理人的报酬，其数额一般按照基金净资产的一定比率从基金资产中提取。

目前国内的年管理费率一般在0.3%～1.5%之间，视投资目标和管理的难易程度不同、基金规模大小不同而有所区别。

一般而言，收益和风险较高的品种，管理难度也较大，如股票型基金，管理费较高；而收益和风险较低的品种，如货币市场基金，管理费较低。基金的规模越大，管理费率相对就越低。

另外，为了激励基金管理人更好地运用基金资产，有的基金还规定，在满足一定条件的情况下可以向基金管理人支付业绩报酬，从而更进一步地提高持有人和管理人之间目标相容的程度。

三、基金托管费

基金的管理原则是“投资与托管分离”，所以需要付给托管机构托管费。

托管费通常按照基金资产净值的一定比例提取，逐日计算并累计，至每月末时支付给托管人，此费用也是从基金资产中支付，不用另向投资者收取。基金托管费收取的比例与基金规模和所在地区有一定关系，通常基金规模越大，基金托管费费率越低。新兴市场国家和地区的托管费收取比例相对要高些。托管费年费率国际上通常为0.2%左右，我国内地及台湾、香港为0.25%。

四、需交纳的税金

一般情况下，基金投资者会涉及3种税金。

（1）所得税，针对投资者的红利和资本利得征收。

（2）交易税，基金在交易时需要交纳的税金。

（3）印花税，交易中的有关单据须交纳的税金。

我国目前对个人投资者的基金红利和资本利得暂未征收所得税，对企业投资者获得的投资收益应并入企业的应纳税所得额，征收企业所得税。鉴于基金的投资对象是证券市场，基金的管理人在进行投资时已经交纳了证券交易所规定的各种税率，所以投资者在申购和赎回开放式基金时也不需交纳交易税。

第二章 买卖基金有技巧

获取收益所进行的操作不应基于信心而应基于算术。

——本杰明·格雷厄姆

第一节 基金的认购、申购及赎回

一位朋友曾这样对我说道："今天我去购买基金，证券公司的工作人员向我推荐了一只正在发行的基金产品。他说基金发行的不同阶段，购买基金的手续费用是有区别的，还说了什么认购费、申购费、把我都搞糊涂了。认购与申购不都是购买吗？有什么不同？"

一、区别基金的认购与申购

基金的认购是指基民在一只基金募集期购买基金份额的行为，此时购买的基金，每单位基金份额净值为人民币1元。

基金的申购是指基金募集期结束后，基民根据基金销售网点的手续购买基金份额的行为。

刘女士是位新基民，为了快速地对基金有个大致了解，她来到小区附近的银行请教基金的相关知识。银行理财师告诉她，买基金有认购和申购两种方式：认购就是在基金发行的时候购买，和买股票原始股有点相似；申购就是基金出了封闭期之后再购买，和在二级市场上买股票一样。

听理财师这么一说，再加上自己稍微有一点炒股的经验，她当即就觉得认购肯定比申购合算！这时正好有一只新基金发行，她便将自己的部分积蓄取出来，认购了这只基金。几个月后，这只基金出了封闭期，起初基金净值还比较稳定，价格一直在1.06元左右，可好景不长，一个月后，基金净值就下跌到了0.95元。刘女士这才知道：基金的“原始股”并非股票原始股，早知道这样还不如等到现在再申购了，她对自己的盲目选用购买方式后悔不已。

投资基金，选择何种购买方式要分情况而定。认购基金有几个月的封闭期，期间几乎是没有运作收益的，走出封闭期之后的基金的运作水平，在发行期还不得而知，认购新基金多少有一定风险。所以，选择认购基金时，基民需要对所认购的基金有较深入的了解，包括基金的投资方向、基金经理的能力、同类型基金的业绩表现等。如基民通过考察同种风格的老基金，发现如果此类风格的老基金收益率普遍较高，那么投资者就可以考虑采用认购方式。

二、开放式基金的认购与申购流程

开放式基金一般不在交易所挂牌交易，它通过基金管理公司及其指定的代销网点销售，银行是开放式基金最常用的代理销售渠道。投资者可以到这些网点办理开放式基金的认购与申购手续。

1. 开放式基金的认购

开放式基金正式发行首日，投资者参与认购，需要分三个步骤进行，具体步骤如表2-1所示。

表2-1 开放式基金认购流程

序号	步骤	相关说明
1	办理开户	基民可以通过银行、基金公司、证券公司三种渠道开立基金账户
2	个人投资者进行认购	个人投资者认购基金必须提供以下材料： （1）本人身份证件 （2）基金账户卡（投资者开户时代销网点当场发放）

续表

2	个人投资者进行认购	（3）代销网点当地城市的本人银行借记卡（卡内必须有足够的认购资金） （4）已填写好的《银行代销基金认购申请表（个人）》
3	确认	投资者可以在基金成立之后向各基金销售机构咨询认购结果，并且也可以到各基金销售网点打印成交确认单；此外，基金管理人将在基金成立之后按预留地址将《客户信息确认书》和《交易确认书》邮寄给投资者

这样，我们就完成了开放式基金认购的全过程。

2. 开放式基金的申购

开放式基金的申购也需分三个步骤来进行，具体内容如下。

基民若决定投资某基金管理公司的基金，首先必须到该基金管理公司指定的销售网点开立基金账户。

其次，投资者都必须到指定销售网点填写申购申请表，若技术条件成熟也可以通过传真、电话和互联网发出指令。由于开放式基金的交易价格是以当日的基金净值为准，所以基民在申购时只能填写购买多少金额的基金，等到申购次日早上前一天的基金净值公布后，才会知道实际买到了多少基金份额。

最后，进行确认。办理完申购赎回手续的数个工作日内，投资者可以到销售点打印成交确认单或交割单（基金管理公司一般也会定期给投资者邮寄一段时期内的交易清单）。至此，整笔交易就全部完成了。

三、基金认购与申购的费率

一般情况下，基金公司为了保证发行规模，鼓励认购，认购期购买基金的费率相对来说要比申购期购买优惠。

1. 开放式基金的认购与申购

认购费用=认购金额×认购费率

净认购金额=认购金额−认购费用

认购份数=净认购金额÷当日基金单位面值

目前，开放式基金的申购赎回价格采取未知价法，即以申请当日收市后的基金份额资产净值为基础计算其买入的基金份额。

申购开放式基金单位数量份额的计算方法如下。

申购费用=申购金额×申购费率

申购份额=（申购金额−申购费用）÷T日基金单位净值

一位投资者打算用10万元来申购开放式基金，假定申购费率为2%，单位基金净值为1.5元，其申购份额计算方法如下。

申购费用=10万元×2%=2000元

申购份额=（10万元−2000元）÷1.5=65333.33份

2. 封闭式基金的购买

由于封闭式基金成立之后不能赎回，除了成立之时投资者可以在交易所或者指定单位购买之外，一旦封闭式基金成立，投资者只能在证券公司通过交易所这个平台像买卖股票一样买卖。在购买封闭式基金时，按最高不超过0.3%的佣金收取费用，不足5元的按5元收取。

四、基金的赎回与卖出

基金的赎回主要是针对开放式基金而言的。一般来说，封闭式基金是不能赎回的，只能在二级市场买卖，收取的佣金按开户券商给出的标准收取。

开放式基金的赎回，是以手上持有基金的全部或一部分，直接或者通过代理机构申请卖给基金公司，以赎回投资者的价金。

赎回所得金额，是卖出基金的单位数，乘以卖出当日净值。同时，基金在赎回时需要缴纳一定的赎回费。

1．开放式基金赎回的基本问题解答

关于开放式基金的赎回，相关内容如下。

（1）赎回的办理时间

基金赎回办理的时间与申购的时间一样，为开放日的9:30～15:00。

（2）赎回申请的确认

当日（T日）在规定时间之前提交的基金赎回申请，一般需要两个工作日经过系统确认之后再经过清算即可。销售机构通常在T＋7日前将投资者赎回的资金划入投资者的资金账户。

（3）赎回金额与费用的计算

赎回金额=赎回份额×T日基金单位净值−赎回费用

赎回费用=赎回份额×T日基金单位净值×赎回费率

（4）开放式基金赎回的流程

开放式基金的赎回与申购过程类似，投资人可以通过直销和代销机构向基金公司发出赎回申请，进行赎回。虽然各基金管理公司的业务细则会有所差异，但大体分为以下几个步骤。

①发出赎回申请。客户可以通过传真、电话、互联网等方式，或者到基金公司直销中心或代销机构网点，填写基金赎回申请表。

②网点对投资者的赎回申请进行审核，合格后录入相关信息，并冻结赎

回份额，同时将有关信息传至TA系统，TA系统向网点下传赎回确认信息，并同时传给托管人和管理人。

③基金托管人下划赎回款。投资人赎回基金时，无法在交易当天拿到款项，该款项一般会在交易日的三至五天，最迟不超过七天划出。

2. 基金赎回的条件

大部分开放式基金的设计方案都对基金的赎回做出了一定的条件限制，这是为了确保基金平稳运行的重要手段。大体说来，基金公司会在如下三个方面做出限制。

（1）时间限制

对首次募集完的资金，在基金运作一段时间后才允许被赎回，这个期间一般历时三个月。另外，对赎回日期也有限制，一般以每周或每月固定几个日期作为申购和赎回的日期。再者就是对赎回款到账日期的限制，即从接到基金份额持有人提出赎回要求到向基金持有人付款的时间，多数基金规定为5~7天。

（2）额度条件

开放式基金赎回方面的限制，主要是对巨额赎回的限制。根据《开放式证券投资基金试点办法》的规定，开放式基金单个开放日中，基金净赎回申请超过基金总份额的10%时，将被视为巨额赎回。此时，基金公司可以做一些特殊的安排。

（3）费用条件

赎回基金，基金份额持有人需要付出一定的费用。而为了使投资者在买入基金份额后不会很快被赎回，基金公司会根据持有时间的长短来设置赎回费率，一般来说，基民持有基金份额的时间越长，其费用率就越低。

3. 巨额赎回

巨额赎回是基金赎回方式的一种。在基金单个开放日，基金赎回申请超过上一日基金总份额的10%时，为巨额赎回。

在出现巨额赎回时，基金管理人一般有两种处理方法。

（1）全部赎回

当基金管理公司认为有能力兑付投资人的全部赎回申请时，即按正常赎回程序执行。

（2）部分延期赎回

基金管理公司认为兑付投资人的赎回申请有困难，或可能引起基金资产净值较大波动等情况下，可以在当日接受赎回比例不低于上一日基金总份额的10%的前提下，对其余赎回申请延期办理。

在延期办理的赎回方式下，基金的净值将按下一开放日或更往后的开放日的基金净值进行计价。

前面已经讲过，按照有关规定，当发生巨额赎回时，基金管理人可在当日接受赎回比例不低于上一日基金总份额的10％的前提下，对其余赎回申请延期办理。同时投资者在申请赎回时可选择将当日未获受理的部分赎回予以撤销。

因此，投资者在提出赎回申请时，应明确表示一旦发生这种情况其是否要将当日未获受理的部分赎回予以撤销，即是选择“连续赎回”还是“非连续赎回”。如果投资者未做出选择，则将被默认为连续赎回。

4. 特殊情况下的基金赎回管理

发生下列情况时，基金管理人可拒绝接受或暂停接受投资者的赎回申请。

（1）不可抗力的原因导致基金无法正常运作。

（2）证券交易所交易时间非正常停市。

（3）因市场剧烈波动或其他原因而出现连续巨额赎回，导致本基金的现金支付出现困难时，基金管理人可以暂停接受基金的赎回申请。

（4）法律、法规、规章允许的其他情形或其他在《基金契约》已载明并获中国证监会批准的特殊情形。

发生上述情形时，基金管理人在当日向中国证监会报告，对已接受的申请，基金管理人应向投资者足额兑付；如暂时不能足额兑付，可兑付部分按单个账户申请量占申请总量的比例分配给赎回申请人，其余部分在后续工作日予以兑付。

第二节 学会阅读基金信息

在当今时代，信息已经日益成为社会各领域最活跃、最具有决定意义的因素。作为专业的基金投资者，除了关注基金的净值波动以及定期披露的季度和年度的财务报告之外，还应当注意日常的有关基金的各种新闻和报道，及时了解基金市场的动态，以辅助决策。

一、基金新闻的分类

一般说来，财经媒体关于基金的新闻报道和分析大致包括以下几个方面：基金重大信息披露公告、基金公司高管及投研团队访谈、基金投资行为研究、基金涉嫌违规行为的曝光等。相关内容如表2-2所示。

表2-2 基金新闻的分类

项目	相关说明
基金重大信息披露公告	相关规定要求，基金发生重大事件，有关信息披露义务人应当在两日内编制临时报告书，予以公告
基金公司高管及投研团队访谈	从此类访谈中，我们可以了解到基金管理公司对于宏观经济、市场环境的研判，以及未来短、中、长期的投资策略。投资者阅读这些访谈记录一方面可以学习和研究机构投资者的分析方法和分析逻辑；另一方面，也能够根据基金管理公司的预测和判断选择适合自己的基金产品

续表

基金投资行为研究	在定期财务报告公布之后，对于基金资产配置和持股结构的调整往往成为财经媒体关注的热点，包括基金的投资组合变化、重仓股进出、基金持股集中度和行业投资集中度的变化等。 投资者在阅读此类新闻时，一方面要注意报道的内容是着眼于基金整体的方向还是个体基金的方向，前者对于了解机构投资者的整体态度作用巨大，而后者可以用来分析所持有的基金最新动向是否领先于市场整体趋势。另一方面，要注意记者报道内容的时效性
基金涉嫌违规行为的曝光	财经媒体作为市场经济中的一把利剑，当然也会关注基金可能出现的违规行为

二、获取基金信息的途径

基民们除了需要了解基金新闻外，还需要知道从哪里获取这些信息。基民投资者都想了解更多基金方面的信息，可是如何才能获得更多、更准确的信息呢？其实，现在信息渠道非常多，要获得基金信息并不困难。通过网络、报纸、电台、宣传手册、银行网点、券商营业部等渠道，我们都能或多或少地获悉到基金的各种消息。下面介绍4种主要的基金信息获取渠道。

1. 从购买基金的机构那里获取信息

基民可以从基金代理销售机构那里获得与基金有关的信息，如银行、券商营业部等。

银行是很方便获取基金信息的一个渠道。一般我们去银行柜台办理业务，总会看到许多基金的宣传广告和小册子。

另外，对于投资过股市的基金投资者而言，对券商营业部这一渠道都不会陌生，可能相比银行而言，获取基金信息的通道更方便。

因为券商代销的基金品种一般比单个银行更丰富，相对而言，信息也就更充实。

2. 三大证券专业媒体

现如今，中国证券报、证券时报、上海证券报三大证券专业媒体都开辟了基金周刊或专版，最丰富的信息和数据一般集中在每周一，投资者可以阅读这些专业的报纸以获得基金相关新闻和信息。

3. 基金公司的网站

现在各个基金公司的网站对公司旗下的基金产品、基金的业绩表现等都有详细的介绍。另外，有些网站还开通了“基金经理面对面”这一专栏，此栏目会定期或不定期地推出基金经理在线答疑，帮助基民了解更多的基金投资信息。

基民可以通过专业的基金研究机构推出的基金排行榜来了解每只基金的收益率、业绩表现等信息，比较权威的几大评级机构有晨星、银河证券基金研究中心、中信证券等。基民可以通过一段时间的观察，看看哪些基金是长期榜上有名的，然后再重点关注这些“优等生”，进而做出投资决策。

4. 财经门户网站

目前，有很多专业的财经门户网站，如和讯、新浪财经等都有专门的基金频道，其中汇集了丰富的基金投资知识。

三、阅读基金文件的技巧

基民通过不同的渠道，可以看到大量的基金信息。面对如此丰富的信息，投资者如何才能从中快速获取有用的内容呢？下面就如何阅读基金招募书与基金年报进行相关说明。

1. 阅读基金招募书的5个要点

在购买基金之前，基民朋友们有必要阅读基金招募说明书。因为它是基金最重要、最基本的信息披露文件，通过阅读基金招募书，有助于我们充分了解将要买入的基金。不过，基金招募说明书一般都洋洋万言，如何才能快速提取我们所需的信息呢？表2-3列出了阅读中的5个要点，以便投资者参考。

表2-3 阅读基金招募书的5个要点

阅读基金招募书的要点	相关说明
看基金管理人	优质专业的基金管理公司和投资研究团队是基金投资得以良好运作的保障，因此，基民需要细看招募书中对基金管理公司和公司高管的情况介绍，以及拟任基金经理的专业背景和从业经验的介绍
看过往业绩	过去的业绩可以在一定程度上反映出基金业绩的持续性和稳定性，这可以为基民下一步的投资决策提供参考
看投资风险	为了让投资更加理性，基民有必要对投资的风险做出心理预期。招募说明书中会从市场风险、信用风险、流动性风险、管理风险等方面对基金的投资风险做出说明
看投资策略	投资策略是基金实现投资目标的具体计划，这和基金的投资收益与风险是直接相关的
看费用	基金涉及的费用主要有认购/申购费、赎回费、管理费和托管费等。这些在招募说明书中都会详细列明，投资者可据此比较各个基金的费率水平

2. 阅读基金年报的技巧与注意事项

基金年报是基民投资基金时的一个重要信息来源。那么，对于普通基民来说，面对有几十页资料和众多专业术语的基金年报，到底要怎么看呢？又要注意哪些问题呢？下面就此方面的内容为基民做详细解答。

（1）阅读基金年报重点要看的6个方面

投资者在阅读基金年报时，应重点看以下6个方面：

①看基金净值表现

在诸多净值指标中，基金净值增长指标（包括净值增长率和累计净值增长率）是目前较为合理的评价基金业绩表现的指标。基民通过将其与同期基金业绩比较基准收益率进行对照，可以了解基金实际运作与基金合同规定基准的差异程度，从而大致判断出基金的运作绩效。

②看净值增长率标准差

通常通过净值增长率来反映基金的收益程度，增长率越高说明基金收益率越高。但投资者在关注净值增长的同时，更要关注基金本身的风险度。因此通过净值增长率标准差来反映基金净值的波动和风险，标准差越低，基金净值越稳定。

很多基金年报中不会直接给出标准差数据，基民需要根据基金每月的净值增长率进行计算。

③看投资组合

基金年报中详尽披露了该基金的所有持仓组合，这是考察基金投资风格和选股思路的重要依据。从重仓个股的行业和特征中可以在一定程度上看出基金经理的投资偏好，例如某只基金的前十大重仓股大半是大盘蓝筹股且变化很小，就可以基本判定这只基金的投资风格趋于稳健。基民还可以通过持股集中度来看基金投资的分散度。此外，如果十大重仓股每一季度都出现过半数的新面孔，说明该基金调仓较为频繁，基金经理相对偏好短线操作。

④看投资策略

在基金年报对于市场展望的阐述中，基民可以清晰地了解该基金的投资思路，以及对市场的分析和行业的配置策略等，作为自己投资的参考。

⑤看基金的份额变化情况

基金规模过大或者规模过小，对基金的投资组合流动性、投资风格、投资难度等都存在着不利影响，值得引起注意。同时基金份额变化如果过于剧烈，意味着出现了大规模的申购与赎回，投资者可以结合市场情况去了解一下出现变动的原因。

⑥看重要事项公告

通过看重要事项公告可以知道基金公司一年来发生的大事。值得投资者关注的内容包括：基金管理人管理费是否降低、基金公司有没有发生重大的人事变动、基金公司修改其投资方向的决定等。

（2）阅读基金年报的4点注意事项

投资者在阅读基金年报时，需注意以下4点事项：

①不要过度依赖数据，对数据的理解不要教条化

基民在对基金年报进行分析时，切忌生搬硬套，唯数字论。在进行数据分析时，也不要盲目将分析标准教条化，一定要追求某个指标达到某一数值。

一切数据分析都离不开相应的环境，而市场环境是错综复杂的，用某种静止的指标来衡量变化环境中的基金显然是难以完全符合实际的。

②注意把握指标区别，深入体会指标含义

基金的很多指标都具有行业特殊性，较难理解且容易混淆，比如未实现利得（损失）、未分配收益，等等。希望投资者加以充分注意，并在日常分析中加以利用。

③多采用单位化的分析方法

因为基金的资产规模一般较为庞大且总规模并不统一，基民在进行比较分析时很难得出直观的认识，在这种情况下，应考虑将各种财务资料或会计项目的数字化为单位数字，尤其是盈利能力等指标，都按基金份额进行平均，这样往往有利于快速得到有价值的信息。

例如，某只基金共有2亿基金单位，年报中显示年度总投资收益为19800万元。此时，基民可以将其直接换算成基金单位投资收益为0.99元，这样就便于与其他基金进行比较了。

④随时跟踪基金报告

基金报告不限于定期报告。此处只对年报报告加以分析，原因是年报报告内容最为全面完善，最有代表性。

此外，基民如果想及时了解基金信息，还应密切跟踪和关注基金周报等日常报告，随时阅读和分析，留心积累这些信息，都会成为投资者日后宝贵的财富。

第三节 选择适合自己的基金

单位的一个同事于2008年开始投资基金，虽说他对基金还不太了解，只是觉得周围很多人都加入了炒股炒基金这一行列，所以自己也想尝试一下。于是，他随意申购了一只基金，令他没有想到的是，到年底收到账单的时候，上面居然有7%的收益。看到这个结果，他“炒基”的热情更加高涨了。

此后，这位同事正式开始了自己的养“基”之路。不久，当听说一家基金公司发行新基金，而它以前发行的基金行情不错时，他很快就买了这只新基金。他想，既然它过去发行的基金不错，以后的估计也错不了！于是他很爽快地将1万多元资金投到了这只基金上。

可是没几天，他就高兴不起来了，因为这只基金在短短几天的时间里就跌破了面值，而且还在一路下跌。他顿时慌了神，不知道如何是好。本身投资就是风险游戏，亏了钱也怨不得别人。无奈之下，他只能割肉出局。

后来，他又投资过几个别的品种，可还是亏得比挣得多，经历了多次教训之后，他很是郁闷：为什么总是别人挣钱，我亏本？

基金投资能赚钱不假，但它同股票一样也是有风险的。而要想通过买卖基金来增加自己的财富，投资者就需要掌握一定的投资技巧，首先就是要选择适合自己的基金。

一、做好购买前的准备功课

看过跳水比赛的观众都知道，运动员经常会在比赛中采用不同的难度系数。难度系数越高，所获得的分数也就越高。难度系数小的动作，大多数运动员都能轻松地完成，而难度系数大的动作，则只有少数顶尖运动员才能成功完成。实际上，对于难度系数的选择，就是每个运动员在对自身实力进行正确评估这一基础之上而提出的。

基金投资也是一样。前面我们说过在进行基金投资时，首先需要选择基金。而在此之前，每个基民都要做好相关的准备工作，包括资金准备、了解基金相关的知识、心理上的准备等。

1. 合理评估自身的财务状况

每位投资者需根据自己的收入状况，合理地按比例进行投资，避免将急需使用的资金投资于股票基金等高风险类的理财产品，更要避免通过借贷等“寅吃卯粮”的方式进行投资。

2. 做好承担风险的心理准备

任何投资总会伴随着一定程度的风险，高收益的背后往往就是高风险。基金投资也是如此，在基金投资之前，需要客观地衡量自身的风险承受能力，选择适合自己风险承受能力的基金类型才是明智之举。

3. 对收益有个合理的预期

投资者在清楚地了解自己的财力状况和风险承受能力之后，就要客观地设定自己的投资目标，在适当的时机卖出基金。就像撒网捕鱼一样，若一味地等到渔网满了再收，那就有可能最后连一条鱼都捕不到。

4. 阅读基金招募说明书

购买基金之前，一项非常必要的功课就是阅读基金招募说明书。

基金招募说明书（在初次发行后称为公开说明书）是投资人了解基金的最基本也是最重要的文件之一，是投资前的必读文件。该说明书旨在充分披露可能对投资人做出投资判断产生重大影响的一切信息，包括管理人情况、托管人情况、基金销售渠道、申购和赎回的方式及价格、费用种类及比率、基金的投资目标、基金的会计核算原则、收益分配方式等。

阅读基金招募说明书的建议可参考前面“阅读基金文件的技巧”中表2-3的内容。

二、根据基金的评级选择基金

时下不少新基民喜欢把基金评级作为自己选购基金产品的重要参考。的确，基金评级给广大基民带来了很多便利，它为基金投资者提供了一个简化筛选基金过程的工具。

1. 基金评级的优点

具体说来，基金星级评定这一工具的优点主要表现在如下三个方面。

（1）简单、便于掌握

基金评级机构通常会以列表的形式将基金的星级排名情况与有关的业绩指标罗列在表格中，基民可以清晰地了解自己所购买的或打算购买的基金的整体概况。

（2）客观且时效性强

基金评级机构是以客观的数据为依据做出的评价，且时效性强，加之他们通常为独立于销售方和投资方的第三方，因此，得出的结论具有较强的客观性与公平性。

（3）与投资效益紧密相连

基金星级评级的主要考核指标是基金的业绩，业绩表现好的自然排名就靠前，星级指数就较高。因此，它为基民投资提供了一个重要的参考。

2. 如何利用评级结果挑选基金

基金评级机构会根据评级模型对各种基金进行专业的评估，评估的结果按星级排名，最高为五级，最低为一级。

一般来说，基金评级机构主要根据基金的收益评价指标、风险评价指标和风险调整后的收益指标这三项来对基金进行综合评估。但是，不同的基金评级机构都有自己的评级原理和评估标准，因此在具体操作上会有差异。

那么，基民应该如何使用好基金评级挑选满意的基金呢？下面给出了三点建议。

第一，优先考虑权威评级机构。就目前而言，国内的如银河证券基金研究中心、和讯等，国际专业基金评级且已在国内开办分支机构的如晨星、理柏等，都是参考的首选。

第二，依据基金星号评级挑选基金是个不错的方法，相对容易找到优质基金。如蝉联2006年、2007年“开放式混合型金牛基金”的汇添富优势精选基金，在银河证券基金研究中心的评价中就一直维持着五星评级。

第三，基金星号只是针对同类型基金的比较，不同类型的基金，是不能单纯用星号来比较孰优孰劣的，这一点投资者要特别注意。比如，拿一只五颗星的股票基金和一只四颗星的债券基金相比就不太合适，因为股票基金和债券基金的风险收益特征本来就有很大区别。

小区的张阿姨听说投资基金风险低，于是也想拿自己的退休工资去购买基金。可是她对基金投资一点也不了解，不知道该买哪只基金。

一天，张阿姨在为儿子整理房间的时候，看到了一张报纸，报纸上一则基金评定的消息吸引了她。看过之后，张阿姨明白了，哦，原来基金也评级，星级高的肯定好。于是，张阿姨来到银行，申购了一只五星级的基金。

三个月的时间过去了，张阿姨让儿子帮自己在网上查询她购买的那只基金的情况，结果发现那只基金下跌了，她投进去的10000元变成了9000元。经过自己儿子的一番讲解，张阿姨对基金投资有了一个大概的了解，在后来的投资过程中，张阿姨再也没有这样盲目了。

需要注意的是，基金评级是以过去绩效作基础的。基金评级机构的评级，由于采用的数据是基金过去的表现，因此只能反映基金过去的绩效，并不是未来获利的保证。上例中的张阿姨就犯了这样一个错误。由此可知，基民在购买基金时，星级标准可以作为一种借鉴，而非决定性的因素，所以，基民在选择某只基金时，最好还是对该只基金做个全面的了解。

下面将部分国内和国际权威评级机构的情况大致介绍下。

（1）中国银河证券基金研究中心

中国银河证券基金研究中心在2001年率先推出基金评级，评级原理与晨星评级基本相似，也同样以5个不同的星级来评定优秀基金，只是在参数侧重点和基金分类标准上略有不同。银河证券的评级指标包括收益评价、风险评价和风险调整后收益。银河证券基金评级主要是针对单个基金的评价。

（2）和讯

和讯评级开始于2007年，主要针对成立一年以上的股票型、债券型和配置型基金进行测评。测评按照每只基金的设立时间给出以下结果中的部分或全部：和讯一年期测评星级（1～5星）、和讯两年期测评星级（1～5星）、业绩表现（最近一周回报率/排名、最近一月回报率/排名、最近一季回报率/排名、最近一年回报率/排名、今年以来回报率/排名）、收益参考指标（夏普比率、特雷诺系数、TRA、RAP、MARP）。

（3）晨星

晨星公司于1985年首次推出基金评级，1996年，晨星公司引入分类星级评价方法，对基金进一步进行细分。

2002年，晨星公司在原有基础上进行改良，启用新的星级评价方法。新的评价体系以期望效用理论为基础衡量基金的风险调整后收益，体现基金各月度业绩表现的波动变化，并更加注重反映基金资产的下行波动风险。

基金评级每个月进行一次。每月初公布上月的评级结果，包括一年评级、两年评级、三年评级、五年评级和十年评级。并根据上述结果，综合计算出该基金的总评级。晨星星级评价标准对成立时间长的基金比较有利。

（4）理柏

理柏（Lipper）是国际知名的基金研究机构，成立于1973年，于2006年9月在中国推出基金评级。理柏基金评级主要考察的是基金公司，其考核要素包括总回报、稳定回报、保本能力和费用。

理柏把所有基金分成5档，排名靠前20%的为第一档，就是最好，所以打钩；排名为21%～40%的是第二档，用数字2来表示；以此类推，最差的，也就是81%～100%那一档，用数字5来表示。

三、评判基金业绩表现的5个标准

评判一只基金的好坏到底以什么为标准呢？答案众说纷纭，但是作为投资者，收益率绝对是所有答案中排名第一的。但要注意的是，单单一个简单的收益率数字，并不能完全表达基金的业绩，除此之外，还需要考虑其他因素对收益率的影响以及收益率长期的变化趋势，才能客观地判断基金的真实业绩表现。具体怎么做呢？

1. 将基金收益与股票大盘走势进行比较

对股票基金而言，其收益情况与股票大盘的走势是密切相关的。可以这样说，如果一只股票型基金在大多数时间内的业绩表现都比大盘指数好，那么，可以说这只基金的管理是有效的，管理这只基金的管理公司是拥有出色的研究和投资能力的。

2. 将基金收益与其他同类基金的收益进行比较

如果该基金的业绩表现长期超越相同类型的其他基金，说明该基金管理人的管理能力卓越。需要说明的是，在进行比较时，不同类别的基金应该区别对待，而不能把不同类别基金的业绩进行直接比较，比如将债券型基金和股票型基金的业绩相比较就是不恰当的。

3. 将基金的当期收益与历史收益进行比较

只有稳定的业绩才是真正的业绩，基民应看自己所购买基金的长期表现，而不应单单因为短期内好的表现就认为它有好的业绩。

4. 将基金收益与自己的预期进行比较

若你在购买基金之前做了一番调查研究，在一段时间之后，你应该将基金收益与自己的预期做个比较。当基金表现与自己的预期极不相符时，你应该回过头来看看基金经理是否违反了基金契约上承诺的投资原则和理念，进而做出继续持有还是赎回的决定，以免不必要地增加基金的投资风险。

5. 借助专业基金研究机构的评判结果

基民还可以借助一些专家或专业机构的评判结果来判断自己所购买基金的业绩好坏。专业的评估报告通常会提供一些专门的评估指标，例如特雷诺比率、夏普比率等，这些经风险调整过的业绩指标可以使不同基金的业绩得以比较，是对基金经理的管理能力的比较好的度量。

四、找到适合自己投资的基金

在做好了上述准备之后，接下来就可以选择适合自己的基金产品了。

找到最适合自己的好基金，是每一个基民都希望的，也是基金投资赚钱的保证。然而，随着基金种类的不断增加和细化，虽然拓宽了基民选基金的范围，但也为挑选符合自己投资偏好的基金加大了难度。

1. 选择符合自己投资目标的基金类型

不同类型的基金，其投资范围、风险状况和预期收益水平都是不一样的。投资者可以根据资金的投资目标（主要是在风险和收益之间的权衡）来选择基金类型，如投资者托市是希望追求长期稳定的回报，那么不妨选择风险较低、收益稳定的平衡型基金。

2. 了解基金的过往业绩

投资者了解基金以往的业绩是非常必要的，就如同用考试成绩来判断一个学生的学习效果一样。虽然考试成绩不是最好的指标，但却是一个比较实用的指标，对于基金来讲也是如此。因为基金以往的表现从一定程度上说明了基金的盈利能力。

需要注意的是，观察基金过往业绩的时候要与同类型的基金相比较，例如要将股票型基金和股票型基金相比，而不能把货币市场基金拿来与股票型基金做比较。同时还需要注意的是，不要仅仅比较基金的回报率，更要关注基金在获得收益的同时让我们承担了多大的风险。如果有两只基金的收益率比较接近，那么我们一般会去选择那只波动相对较小、风险不大的基金。

3. 注意挑选基金经理

基金是由人来运作的。表现良好的基金反映的是基金经理高超的投资水平。大体而言，对基金经理的评估，可以从如下几个方面来进行。

首先，可以从基金经理以往管理的业绩表现入手，这是比较容易得到的数据，可以反映其整体实力和投资风格，这些数据越多，跨越的时间越久，越能够说明问题。

其次，查看基金经理的从业经验，如果基金经理曾经做过深入地基本面研究，从事投资之后又经历过市场的牛熊转变，这样的经历会使基金经理在管理基金时受益匪浅。

再次，了解基金经理的投资理念。基民需要事先知道基金经理的投资理念是什么。因为了解了基金经理的投资理念后，就可以大致判断所购买基金的投资方向，从而对其未来的风险和收益有一定的了解。

最后，还要关心基金经理的职业操守。为什么要关注这一点？是因为投资者购买基金实际上是购买了基金经理的投资服务，基金经理受基民之托来帮助其理财，在这种关系当中信任是最重要的。如果基金经理不被基民信任，又谈何托付？因此，投资者要关心自己所依靠的基金经理，有没有被监管部门处罚的记录等。

4. 选择优秀的基金管理公司

好的基金公司是产生优秀基金的最重要的平台，因此，基民在选择值得投资的基金时，充分了解管理基金的基金管理公司是非常重要的。

一般而言，要考量一家基金管理公司的优劣，基民可以从表2-4所示的四个方面来评估。

表2-4 基金管理公司的评估

考核内容	相关说明
基本面	拥有雄厚实力的股东，可以让基金公司获得一个比较好的运营与发展平台
制度面	一个好的基金管理公司，必须有规范化的管理和运作。在这方面，投资者需关注基金公司的治理结构是否规范合理；基金公司对旗下基金的管理、运作及相关信息的披露是否全面、准确、及时；看基金公司有无明显的违规现象等
技术面	出色而稳定的投研团队是基金公司获得良好投资业绩的保障，其团队专业程度的高低，直接影响着基金当前和未来收益的大小
市场面	要关注基金业绩表现的持续性。不能只看某家公司某一只产品的短期表现，还要全面考察公司管理的其他基金的业绩

第四节 基金购买的三大注意事项

基民在选择基金时不能盲目，为了获得预期的投资收益，基民朋友们至少需要掌握如下三个要点。

一、量入为出投资基金

许多投资者往往看到广告宣传或者亲友推荐，在没有真正了解产品之前就冲着传说中的高收益杀奔而去，结果一部分投资者不仅没有使自己的财富得到完全的保值增值，相反，持续的投入还间接增加了生活成本，形成新的负担。

其实，投资理财和居家过日子一样，也要精打细算、量入为出。基金作为一种理财产品，基民在投资时也需遵循这一点，具体来说，需要做到如下两点要求。

（1）了解产品，基民一定要仔细研究理财产品的条款，尤其是在费用、收益、风险、期限这几方面。

（2）用闲钱投资，基民最好是拿不影响日常生活的闲钱来投资，这样才不会因为投资失利而影响了自己的生活。

二、别患净值恐高症

很多投资者喜欢买新基金，觉得便宜，他们认为“净值越高，风险越大”，“净值高了，就没有上涨空间了”。事情果真是这样吗？真的是基金净值越高风险越大吗？未必！

假设有如下两只开放式基金：基金A，现在净值1.6元；基金B，净值1.2元。

当我们手上有10000元的时候，可以买到6250份A基金，8333份B基金。半年后，基金A和基金B的净值都上涨了10%，也就是说，基金A的净值为1.76元，基金B的净值到了1.32元。此时，当初如果持有6250份基金A，总价值就是1.76×6250=11000元；如果持有8333份基金B，其总价值是1.32×8333≈11000 元。可见，无论持有基金A还是基金B，最后的基金总价值都是11000元，都赚了10%。投资收益并没有因为净值的高低而有所不同。

由此可以说明，在投资方式一样、风险均等的情况下，投资基金的收益与基金净值的高低没有关系。

三、不能只根据基金评级来挑选基金

依据基金星级挑选基金是个不错的方法，相对容易找到优质基金，但基民需要明白这样一点，即基金评级是以过去绩效作为评价基础的，不可把评级与未来表现相等同。而且，不同的基金评级公司对同一只基金的评级结果可能会有差别，因此，基金评级只能是一个参考而不是唯一的依据。

第五节 把握基金投资时机

当前，基金作为一种理财工具已经为大多数老百姓所接受。普通老百姓希望通过对基金的投资来分享经济增长的成果，这本无可厚非，但在实践中，不少“准基民”会有这样的困惑：“我想投资基金，但不知道该什么时候下手。”这就是基金投资的时机选择问题，也就是什么时候买基金合适的问题。

一、根据市场大势做出判断

一般来说，看好一只基金之后在低点介入是最好的时机。但是这种理想状况很难实现，正如华尔街谚语所云：“要想在市场最低位买入股票，如同去接从天上掉下来的飞刀。”从业多年的专业人士尚且对预测市场之类的话题避而不谈，更不用说普通投资者依靠自己的判断去作决策了。

虽然比较困难，但我们还是可以做一些事情的。在时机选择上，我们所要做的，就是判断大方向。什么是大方向？就是目前的经济走势到底是向好，还是在恶化？证券市场是刚刚进入牛市，还是已经熊影重重？只要认为经济向好、证券市场牛市趋势未改，那么我们首先就可以确定在现阶段是可以投资基金的。

二、通过外界的信息做出判断

倘若投资者本身比较熟悉证券市场，具有一定的证券分析能力，那么可以直接依据基金的持仓状况进行评价，对其重仓品种的潜力给出说法，进而决定现在买入是不是最好的时机。

如果投资者本身不具备分析能力，或者想要寻求一种能够不受个人偏见影响的、更能得到普遍认可的方法，那么可以尝试从市场合力的角度去分析。

三、购买基金巧打时间差

在购买基金时，如若能掌握以下4个“时间差”的攻略，无疑会为基民的基金投资带来更大的收益。

1. 认购期和申购期之间的“时间差”

按照开放式基金的一般特点，其认购期一般为一个月，而建仓期却需要三个月。从购买到赎回，投资者需要面临一个投资的时间跨度，这为投资者选择申购、赎回时点进行套利创造了“时间差”。因此，对于风险偏好的投资者来说，只要掌握了股票型基金的建仓特点，就能获取不菲的基金建仓期收益。

2. 前端收费和后端收费之间的“时间差”

前端收费是指基金发行时，收取的一种认购费用；而后端收费是指基金在封闭期内，赎回时补交认购费用的一种收费办法。为了鼓励基金持有人持有基金时间更长，同时增强基金持有人的忠诚度，各家管理公司在基金的后端收费上都设置了一定的灵活费率，即随着基金持有人持有基金时间的增加而呈现后端收费的递减趋势。

同住一个小区的张阿姨和马阿姨两人，于两年前分别拿出自己的储蓄5万元，在同一天同一个价位买入了同一只开放式股票基金。如今这只基金的净值已经翻番，于是，两人不约而同地在同一天赎回了这只基金，可令张阿姨不解的是，马阿姨实际的投资收益却比她高出了约1500元。

这是为什么呢？原来，这只基金提供了两种申购费的付费方式，投资者既可以选择前端付费的方式，也可以选择后端付费的方式。张阿姨申购时用的是前端收费，申购费率1.5%，赎回费率为0.2%，二者合计为1.7%；而马阿姨申购时选的是后端收费，持有满两年时，尽管赎回费率仍为0.2%，但只需支付1%的申购费率，总费率只有1.2%。这样，同样是投资5万元，仅手续费一项，马阿姨就比张阿姨节省了0.5%即250元。

另外，由于马阿姨在申购时选择的是“先投资后买单”的后端收费付费方式，在购买开放式基金时并不支付申购费，而是等到卖出时与赎回费一起缴纳，这样她用于购买基金的实际金额就比张阿姨的要多，因此，持有的基金份额也就比张阿姨多。

综上所述，因为付费方式不同，导致同样的投资额换来了不同的投资收益。

实践证明，对于资金量小，无法享受认购期大额资金费率优惠的，不妨选择后端收费的方式，这样更能提升投资收益。

基金前端收费和后端收费是缴纳基金申购费在时间上的差别。需要说明的是，并不是所有的基金都可以选择后端收费的模式。

下表2-5列举了可以实行后端收费模式的部分基金及其代码，供基民参考。

表2-5 可以实行后端收费模式的基金一览表（部分）

基金名称	前端代码	后端代码
宝盈增强债券A/B	213007	213907
博时创业成长	050014	051014
博时价值增长贰号	050201	051201

续表

博时价值增长	050001	051001
长城久泰	200002	201002
长盛动态精选	510081	511081
大成价值增长	090001	091001
大成强化收益	090008	091008
东方核心动力	400011	400012
东方精选	400003	400004
富国天鼎	100032	100033
富国天瑞	100022	100023
富国天益	100020	100021
华夏成长	000001	000002
华夏大盘精选	000011	000012
华夏红利	002011	002012
银河稳健	151001	151101
银河收益	151002	151102
兴业趋势	163402	163403
招商成长	161706	161707

3. 价格与净值变动的“时间差”

对于封闭式基金而言，交易价格和净值波动价格是随时变动的，而且交易价格的变动和净值的变动没有一定的波动规律，但在交易价格与基金净值之间却存在一定的联动关系。即封闭式基金的交易价格与净值之间的价差越大时，其折价率就越高。这为在交易价格和净值之间进行套利的投资者提供了“时间差”。

4. 场内与场外之间基金份额转换的“时间差”

在基金的投资品种中，LOF、ETF既可以进行场内的正常交易买卖，也可以进行场外的申购、赎回，并存在多种套利机会。怎样研究分析和把握套利时点，对投资者购买此项基金是十分重要的。

第六节 买基金省钱小窍门

有了理财意识，更要有理财的技巧。基民朋友们在购买基金的过程中如果注意一些小窍门，也能省下各种零碎的花费。下面就介绍8种省钱的妙招。

一、直销渠道买基金

现在的基金公司，大多都有自己的网站，通常这样的网上“直销”，费率都有一定的优惠政策，如网上申购开放式基金可以享受手续费折扣等，这样可以节省一部分成本。

与传统的基金购买方式相比，基金网上直销具有明显优势。

如以华夏基金公司的网上直销为例，其优势主要有如下4个方面：（1）一站式服务：基民只需去银行网点办理开通网银的银行卡，然后就可在华夏基金网站申请开立基金账户，账户即开即得；（2）全天候服务：网上7×24小时接受委托，交易随时随地，网上基金账户开通后，基民就可以购买华夏基金公司旗下除50ETF以外的所有开放式基金；（3）低费率：与一般代销方式下1.5%的申购费率不同，不论投资金额大小，都可享受低至4折的申购费率优惠，一般仅为0.6%；（4）功能全：除申购、转换、赎回、查询等功能外，基民还可在华夏基金网站享受基金资讯、专家服务等增值服务，且赎回资金到账时间也更快。

二、在促销活动时申购基金

如今，竞争加剧，各基金公司纷纷推出了一些促销优惠活动，以达到吸引投资者的目的。

基金促销的方式多种多样，如新基金上市、节假日促销等，在促销期间，申购费用往往要比平时低，如有的基金公司打出这样的广告：申购费率享受2折优惠，即实收申购费率=原申购费率×0.2。

三、巧用稀释减损法减少损失

基金申购费一般是1.5%左右，赎回费是0.5%左右，一进一出的成本就高达2%了，那么，基民如何能最大化地降低成本与损失呢？

假如你手中持有某基金1000份，该基金已由认购时的面值1元，跌到了面值0.9元，如果你认为该基金具备长期投资价值并出现回升迹象，这时你可以以每份0.9元的价格，再申购5000份，增加持仓量，从而达到稀释持有该基金成本的目的。

四、付费有讲究

大多数基金购买时都有两种方式：前端付费和后端付费。前端付费是购买时就支付申购费，而后端付费是卖出时才付申购费。据了解，有些基金的赎回费用随着持有年限而递减。投资者如果看好某只基金，又有长期持有的打算，不妨选择后端付费的模式。

五、红利再投资

采用红利再投资的分红方式能够减免再次申购基金的费用，降低基民投资基金的成本，同时可以享受复利投资的高收益。

六、坚持基金长期定投

2008年以来，股市被拦腰折断，让投资者伤心。不少做基金定投的基民也遭遇了寒冬，定投收益不断缩水。在目前市场“跌跌不休”的大环境下，多数人因为恐惧而停止买入。对此，专业理财师表示，在下跌时停止定投不仅会偏离理财目标，也会降低回报率。基金定投可以抹平市场波动、保持资产长期增值，因此需要长期坚持。

定投的某只基金在定投日价格上升，作为投资者就赚到了；如果在定投日价格下跌，投资者赚到的是基金份额。

七、巧用基金转换

一般来说，同一基金公司旗下的不同基金之间都可以互相转换。

在同一基金公司旗下的不同基金之间进行转换，可享受费率优惠。同时拥有好几只基金的投资者在进行换仓操作时，往往需要先赎回一只再申购一只，不仅花费资金成本，而且时间耗费也比较久。选择一家好的基金公司，在该公司旗下的基金中进行基金转换，可以省去不少认购和申购费用；甚至有些基金公司是不收取基金转换费用的。此外，在市场震荡时期，投资者将高风险的股票型基金转换成低风险的债券型或货币型基金，不仅能规避市场风险，而且能节省费用。

第三章

基金转换与转托管

顺应趋势，花全部的时间研究市场的正确趋势，如果保持一致，利润就会滚滚而来！

——威廉·江恩

第一节 基金转换业务的办理

基金投资，除了最基本的申购、赎回，基金公司还提供了一种基金转换服务。

基金转换是指投资者将所持有的开放式基金转换成同一基金管理公司旗下的其他开放式基金的行为。它与赎回后重新购买最大的不同是转换及时，并且可以节省手续费。

一、基金转换业务的三大好处

基金转换能为投资者带来如下三项好处。

1. 规避市场风险

基金转换为投资者应对股市的变化提供了方便。当市场发生较大变化的时候，投资者可以在不同风险程度的基金之间进行转换，以回避市场波动带来的投资风险。具体而言，在股市持续下跌时，投资者应将高风险的股票型基金转换成低风险的债券型或货币型基金；股市向好时，投资者应将债券型或货币型基金转换为股票型基金。

老宋是个老基民，和许多买了基金就搁一边不管的基民不同，老宋喜欢根据股市波段在不同类型的基金之间“折腾”。因为经常进行不同类型基金的转换，老宋还真的躲过了几次大跌，赚取了更多的收益。

老宋称他曾申购一只基金，当时基金的净值是1.0325元，一年后，这只基金的年收益率已经超过了10%。但经过分析基金净值走势图之后，他发现在下一个季度内市场可能会有波动。如果在这个过程中能够适时操作的话，他的收益率还会有大幅度提高。所以，很快，老宋就办理了基金转换手续，扣除手续费之后净收益超过12%。

2. 省时省力

基金转换的另一个好处是省时省力。一般基金从赎回到再申购所花费的时间是3～7天，而基金转换则是和普通基金申购时间一样，T日申请转换，基金公司T+1日给予确认，投资者T+2就可查询转换后的情况了。这一来一去节省了不少时间，也减少了操作步骤。

3. 节省费用、获取更大的收益

如果先赎回一只基金再申购另一只基金，不但要支付赎回费，还要支付申购费。如果投资者通过基金转换来调整所持基金的话，则只需要支付赎回费和申购补差费。倘若时机选择得当，则还能帮助投资者获得更大的收益。

2006年一开春，股市便走出一波新的行情，不少基金净值增长了10%，肖女士手中的股票型基金更是在不到1个月的时间内就获利12%，对此肖女士相当满意，想把手中的其他基金赎回，转投这家公司的另外一只基金。她听说这种情况最好采用基金转换，既方便又省钱，但她不知道这样做需要什么样的手续，也不知道划不划算。为此，她特意请教了基金公司的理财专业人士，并成功地实现了基金转换。

二、转换业务办理所需的资料

投资者办理基金转换业务需携带基金销售机构或销售网点要求提供的相

关资料，其具体内容如表3-1所示。

表3-1 办理基金转换业务需携带的资料

办理人	提供的资料
个人投资者由本人亲自到销售机构办理	基金账户卡或交易账户卡原件
	投资者身份证原件和复印件
	填妥并盖有预留印鉴的业务申请表
个人投资者委托他人到销售机构办理	基金账户卡或交易账户卡原件和复印件
	投资者本人身份证复印件
	被委托者身份证原件和复印件
	投资者本人授权委托书
	填妥并盖有预留印鉴的业务申请表
机构投资者	有效的营业执照原件（或营业执照复印件加盖发证机关印章）
	法定代表人身份证复印件
	经办人身份证原件及复印件
	法人授权委托书
	基金账户卡或交易账户卡原件和复印件
	填妥并盖有预留印鉴的业务申请表

三、明确基金转换的条件

转换申请中的两只基金要符合如下三项条件。

（1）销售机构开通基金转换业务。

（2）在同一家销售机构销售的，且为同一注册登记人的两只开放式基金。

（3）前端收费模式的开放式基金只能转换到前端收费模式的其他基金，申购费为零的基金默认为前端收费模式；后端收费模式的基金可以转换到前端或后端收费模式的其他基金。

不同基金公司、不同代销机构的转换业务规则会有些许的出入，基民在办理转换业务前一定要弄清楚他们的业务规则，才能更好地完成基金转换。

第二节 基金转换费用的计算

基金转换费用是指投资者按基金管理公司的规定在同一基金管理公司管理的不同开放式基金之间转换投资所需支付的费用。

一、基金转换费用的构成

基金转换时要收取转换费用，基金转换费用由基金持有人承担，包括如下两个项目。

1. 转出基金的赎回费

转出基金赎回费用指转出基金时，如涉及的转出基金有赎回费用，收取的该基金的赎回费用。

2. 转出转入基金之间的申购补差费

申购补差费用按照转换金额对应的转出基金与转入基金的申购费率差额进行补差。基金转换费用采取单笔计算法，投资者在T日多次转换的，单笔计算转换费，不按照转换的总份额计算其转换费用。

二、转换费用的计算

1. 如果转入基金的申购费率大于转出基金的申购费率

转换费用=转出金额×转出基金赎回费率+(转出金额−转出金额×转出

基金赎回费率）× 申购补差费率 ÷（1+申购补差费率）

2. 如果转出基金的申购费率大于等于转入基金的申购费率

转换费用=转出金额×转出基金赎回费率

其中：转出金额=转出基金份额×转出基金当日基金份额净值

转入金额=转出金额-转换费用

此外，很多基金公司还规定，转换费率还可以根据投资者持有期超过一定年限而获得进一步降低，甚至是免费转换。尽管每一家基金公司所设的基金转换费率是不同的，但在计算方法上大同小异。

第三节 基金转换的时机与技巧

基金是一种理财产品，其业绩具有一定的周期性，因而投资者不能因为投资收益在短期内低于心理预期就盲目地进行基金转换，这样不但增加了基金的转换成本，也失去了原有基金产品应有的获利机会。所以，把握基金转换的时机与技巧很重要。

一、基金转换的时机

什么时候适合进行基金转换呢？

1. 在判断投资市场发生较大变化时，是进行基金转换的好时机

股市不好时，适合将股票型基金转换为债券基金或者货币基金；股市向好时，则适合将债券基金和货币基金转换成股票基金。这需要投资者能够把握市场变化趋势。

2. 当投资者的风险承受能力发生变化时也可以进行基金转换

投资者因某种原因导致个人风险承受能力下降时，可以将股票型基金转换为债券基金或者货币基金；反之，当个人抗风险能力增强时，可考虑将债券基金或者货币基金部分转换为绩优股票基金，以享受更高的投资回报。

3. 根据具体基金的盈利能力选择转换时机

随着基金规模的不断壮大，大的基金公司一般都会有几只不同风格的配置型基金和股票型基金，其业绩表现有差异也是必然的，当目标基金的投资能力突出、基金净值增长潜力大的时候，就可以考虑将手中表现相对较差的基金转出。

产品丰富的基金管理公司通过基金转换业务给投资者提供了很大的方便，但是，投资者随意转换基金不一定能取得良好效果，关键要看转换的时机。另外，投资者还需掌握相关的技巧。

二、基金转换的技巧

基金转换也是有一定技巧的，具体内容如下。

1. 事先查询费率

现在，不少基金公司为了吸引投资者，纷纷推出基金申购、转换方面的优惠措施。同时，基金公司也会根据情况随时予以调整。因此，在实施基金转换前，投资者很有必要关注基金公司发布的消息，以最大化地降低转换成本。

2. 可以考虑选择伞形基金

伞形基金的本质就是若干只子基金共同使用其上面的一把“伞”，这把“伞”就是基金契约。在这种模式下，投资者可以根据自己的需求和市场情况的变化进行相互转换，而仅需支付少额的费用或是不需要支付任何费用，就能重新进行仓位调整和资产配置。

3. 不要轻易跨渠道进行基金转换

根据基金营销的需要，基金管理公司会选择直销和渠道商代销等形式，渠道商代销主要存在于银行和券商之间。针对不同类别的基金产品，各个销售网点的服务风格和水平存在一定的差异性，因为投资者若从一种渠道转入另一种营销渠道，可能就会因服务方式的改变而感到些许的不适应，从而就可能会付出较多的转换成本。

第四节 基金转托管业务的办理

老王前段时间在银行申购了一只基金，最近他听别人说他购买的这只基金涨了，于是便打算把这只基金赎回来。

老王打开电脑，登录到了这家基金公司的网站，打算在网上完成基金赎回的业务，可待他登录后发现，网站提示没有这个客户。看到这个提示，老王有些心慌，于是赶紧打电话向基金公司的工作人员请教。

听了老王的描述，基金公司的工作人员明白了问题所在。由于银行和基金公司属于不同的销售机构，银行的销售系统和基金公司的网上交易系统是两个系统，不可以通买通卖。说简单点，就是在哪儿买的，就要在哪儿卖。而老王当时是在银行申购的那只基金，所以，他要办理基金赎回业务，就要再跑一趟银行。如果投资者想实现在不同的系统中买卖，则需要事先办理转托管业务。听了工作人员的解释，老王就放心了。

在日常投资中，有许多人都遇到过类似的问题。下面就对基金转托管业务做下简单的介绍。

基金转托管，指基金份额持有人申请将其在某一销售机构交易账户持有的基金份额全部或部分转出并转入另一销售机构交易账户的行为，也可以说转托管是指同一投资人将托管在一个代销机构的基金份额转出至另一代销机构的业务。

前面我们提过基金转换，那么，它与基金的转托管有何差别呢？我们说基金转换只能转换为同一基金公司管理的、同一注册登记人登记存管的、同一基金账户下的基金份额，并只能在同一销售机构进行。而转托管是指同一投资人将托管在某一个销售网点的基金份额转出至另一销售网点（可以是不同销售机构，但须是代理销售所转托管的基金的机构）的业务。

一般来说，出现如下两种情形时，投资者需要办理转托管业务：其一，投资者想把其持有的全部或部分基金份额从某一销售机构交易账户转出并转入其在另一销售机构的交易账户；其二，投资者在某基金直销中心开设了多个交易账户，想在多个交易账户之间进行互转。

在了解了上述内容后，投资者还需明确这样两个问题，即如何办理基金的转托管业务及办理此项业务时需要注意的事项。

一、基金转托管的办理方式

在办理基金转托管业务时，投资者应带齐相关证件和资料。办理转托管业务需携带的证件和资料种类与办理申购和赎回时需携带的相同。在具体办理时，投资者可以选择采用“一步转托管”或“二步转托管”方式。

1. 选择“一步转托管”方式

若选择“一步转托管”方式，投资者应先在待转入的销售机构（网点）办理登记基金账号业务，再到转出方销售机构（网点）办理转托管申请。

在“一步转托管”方式下，投资者于T日在转出方销售机构（网点）转出基金份额成功后，正常情况下，基金份额于T+1日到达转入方销售机构（网点），投资者可于T+2日起赎回该部分基金份额。

2. 选择“二步转托管”方式

若选择“二步转托管”方式，投资者需在转出方销售机构（网点）办理转出申请，经基金注册与过户登记人确认成功后，再到转入方销售机构（网点）办理登记基金账号及份额转入业务。

在“二步转托管”方式下，投资者于T日在转入方销售机构（网点）申请转入基金份额成功后，正常情况下，基金份额于T+1日到达转入方销售机构（网点），投资者可于T+2日起赎回该部分基金份额。

二、业务办理注意事项

基民在办理基金转托管业务时，需注意如下三点事项。

（1）转托管转出基金份额数量不得超过该基金账户在转出方销售机构的可用基金份额，否则该申报无效。

（2）基金持有人在进行转托管时，可以将其在一个销售机构（地点）所购买的基金份额一次性全部转出，也可以部分转出，但在转托管完成后转出和转入销售机构的基金份额余额都不得低于《基金契约》规定的最低持有份额。若投资者某只基金份额余额原已低于最低份额，转托管时必须一次全部申请转出，若申请数量不是全部数量，注册与登记过户部门应将该转托管确认为不成功。

（3）销售机构可对转托管业务收取一定的手续费。

第四章

基金定投，让小钱变大钱

要在华尔街上找出市场的转折点，显然要比在沙滩上发现潮汐的最高点困难多了，而市场的确波涛汹涌。

——彼得·伯恩斯坦

第一节 基金定投的优势及适合人群

市场涨涨跌跌震荡起伏，基金定投因其“逢高减筹，逢低加码”的投资策略，近年来受到越来越多投资者的青睐。看着周遭的人纷纷选择基金定投，刚步入职场不久的小汤也有些跃跃欲试，虽然他对基金定投颇感兴趣，但却苦于不够了解。为了能尽快掌握基金定投的方法，他来到基金销售网点向那里的专业人士请教。

听了网点理财专家仔细详尽的分析，小汤如获至宝，顿时佩服得五体投地。他自己也在心里盘算着到底定投哪只基金好。考虑到目前自己还年轻，生活负担较轻，还能承受一定的风险，小汤选择了一只基金，一来可以自我强制储蓄，二来有专业投资团队打理资金追求高收益，何乐而不为呢？小汤感到自己的幸福生活从此扬帆起航，之前的空虚和彷徨已然变成了对未来的美好憧憬。

下面，我们对基金定投入门的基础知识做下介绍。

一般而言，基金的投资方式有两种，单笔投资和定期定额投资。鉴于基金在实际管理和运作过程中，总会存在一定的净值涨跌震荡，为了抓住投资机会，回避基金选择时点中存在的风险，基金管理公司便推出了一种定期定额购买基金的方法，就是为了更好地倡导投资者中长期投资理财观念，通过摊平成本的方式，避开市场短期波动带来的风险。

基金定投是基金定期定额投资的简称，是指在固定的时间以固定的金额投资到指定的开放式基金中，类似于银行的零存整取方式。

相比普通的基金申购，基金定投比普通申购所需金额低得多，有些基金的最低投资限额甚至可以是100元。另外普通申购面临高买低卖的风险，而基金定投的资金按期投入，投资成本较普通申购更为平均。

一、基金定投的优势

基金定投是定期定额投资基金的简称，基金定投有“懒人理财”之称，它是指在固定的时间以固定的金额投资到指定的开放式基金中，与银行的零存整取方式比较类似。

基金定投主要有以下4个方面的优势。

1. 不用过多考虑投资时点

“低买高卖”是投资的秘诀，可很少有人能把握好这个时点，而基金定投则能一定程度上解决这一问题。

采用基金定投的方式，在基金净值走高时，买进的份额变少；价格走低时，买进的份额自然增多，通过长期不断累积，可以有效摊低投资成本与市场带来的风险，从而提升长期获利的机会。如下面的示例就很好地说明了这一点。

最近刚退休不久的老田打算买点基金，从同事口中得知，大部分投资者都无法准确判断市场的走势，那如何在低价位能多买点基金，避免在高价位时买进呢？理财专家给了他一个建议，让他实施基金定投。

他接受了理财专家的建议，对此，他算了一笔账。他以某只基金的过去业绩表现为基准进行计算，如果投入4000元买基金，当日他购买的这只基金的净值为1.25元，如果一次性买入，会得到3200份基金。而如果采用基金定投的方式，每个月投资1000元，结果如表4-1所示。

表4-1 基金定投所获份额

	第一个月	第二个月	第三个月	第四个月
基金净值	1.25	1.22	1.17	1.28
基金份额	800	819.67	854.7	781.25

结果显示，采用基金定投的方式，老田投资4000元，共获得了3255.62的基金份额，这显然比一次性购买所持有的基金份额要多。

2. 小额投资，复利效果可观

相比其他理财产品，部分基金定投起点限额低至200元/月，因此，基金定投的低门槛这一特点也是受人青睐的原因之一。

另外，通过分散投资，基民将每月的闲散资金通过定投方式进行投资，长期下来，聚沙成塔，有助于投资者在不知不觉中积攒一笔不小的财富。例如，每月投资200元，按基金年平均回报率6％计算，10年后总投入24000元，保守估计，其本金和收益能达到33000元，真正把小钱变成了大钱。

3. 强制储蓄，累积财富

基金定期定额投资每月自动从投资人账户中扣取固定金额，用以投资基金，可有效帮助投资人养成计划储蓄和投资的习惯，积少成多，累积财富。

4. 手续简单，方便快捷

投资人到银行柜台办理一次基金定期定额业务的手续之后，每月银行会自动从投资人的账户中进行扣款用于投资，不需客户再次到银行转款，一次操作，长期受益，方便快捷，省时省力。

基金投资不是短期行为，由于基金定投不需要择时，因此更需要投资人固定时间、长期坚持投资，这样才能避免买高卖低，从而达到降低平均成本的目的。

二、基金定投的适宜人群

由于“定额定投”起点低、方式简单，所以它也被称为“小额投资计划”。因此，如果您想买基金，又苦于没有时间，就可以选择此种业务进行投资。大体说来，如下四类人群比较适合采用此种方式进行投资理财。

1. 领固定薪水的工薪族

部分工薪族的薪资所得在扣除日常生活开销后，所剩余的余额并不充足，而这种小额的定期定额的投资方式显然比较符合这类人员的需求。另外，由于上班族大多无法亲自在营业时间内到金融机构办理申购手续，因此设定于指定账户中自动扣款的定期定额投资，对上班族来说是最省时省事的投资方式。

2. 缺乏投资经验的人

因为没有投资经验，很多投资者陷入了追涨杀跌的泥潭而难以自拔，最终投资下来伤痕累累，因此对于那些还没有投资经验的基民来说，基金定投在一定程度上可以减少投资者的损失。

3. 于未来某一时点有特殊资金需求者

提早以定期定额小额投资方式来规划，不但不会造成自己经济上的负担，更能让每月的小钱在未来变成大钱，从而使得投资者不必为自己未来所需的大额支出所烦恼。

例如，3年后须付购屋首期款，20年后子女出国留学基金，乃至于30年后自己的退休养老基金等。

郑小姐是一名室内设计师，目前月收入4500元，老公月收入5500元。

在生活开支方面，每月还房贷3000元，月生活开支2000元，每月剩余5000元，其中4000元用于储蓄，另外1000元用作机动。

不久前，郑小姐喜得贵子，此时，夫妻俩想到了要为孩子提前准备好教育基金。他们估算，待小孩上小学时，也就是7年以后，他们需要为孩子准备近5万元的教育费用。在咨询过理财专家的意见后，他们决定每月定投500元，定投一只偏股型的基金，根据这只基金以往的业绩表现，它的年回报率为7%，若以此为基准，那么，7年后，郑小姐所投入的本金和收益将达到54000元，这样便能满足孩子的上学需求。

郑小姐通过基金定投的方式，轻松地满足了孩子教育的资金需求。

4. 不喜欢承担过大投资风险者

由于定期定额投资有投资成本加权平均的优点，能有效降低整体投资的成本，使得价格波动的风险下降，进而提升获利的机会。

第二节 基金定投的三种方式

组合定投、动态定投、变额定投是基金定投的三种投资方式，每种方式都有其不同的特点，三种方式不分优劣，关键看哪种最适合投资者本身的投资预期。

一、组合定投

如果你每月定投的金额达到一定水平，可以通过建立合理的投资组合进行定投。这种做法被称为组合定投。

组合定投的投资对象一般由2～3只基金组合而成。实际操作中搭配的方法是多种多样的。如表4-2列出了三种常见的基金类型，投资者可以以此来搭配自己的基金定投组合，以达到攻守兼顾、长期收益稳定的目的。

表4-2 三种基金类型

基金类型	特性说明
进取型	较高风险，较高预期收益
稳健型	中等风险，中等预期收益
保守型	较低风险，较低预期收益

总之，合理配置投资组合中各类风险收益特征的基金产品之间的比例，

能够帮助投资者降低投资组合的整体波动性。

二、动态定投

在基金定投领域，“动态定投”被证明是一种行之有效的资产配置方式，它也是基金定投的方式之一。

采用这一方式，投资者首先需要设定每月基金市值上限，在具体操作过程中做相应的调整：如果达到上限，则不追加投资；如果未达到上限，则追加投资至上限。这种方式最大的优点就是可以让我们在自己制订的投资周期内筹集到所需的资金。

举例来说，我们希望未来5年（60个月）内拥有6万元市值的基金资产，按照计划我们就必须每月使自己的基金市值增加1000元。

为了便于计算，我们将某只基金的净值设为1元。在接下来的四个月里，该只基金的净值变动情况便会直接影响到投资者的行为，具体内容如表4-3所示。

表4-3 动态定投示例

时间	基金净值	行为
第一个月	1.00	投资者需要购入1000份基金，才能让手中的基金市值变成1000元
第二个月	1.50	如果继续投入1000元，那么加上原有的基金份额，市值将变成2500元，超出了原计划。怎么办呢？考虑到已经拥有了1500元市值的资金（1.5×1000），第二个月只需投入500元，购入333.33份（500÷1.5）基金份额即可
第三个月	2.50	此时，投资者的基金市值已经升至3333.325元（2.5×1333.33）已经超出了定额投资计划，因此第三个月不需要申购，反而需要赎回市值333.325元，约133.33份的基金才可以达到平衡，至此基金份额变成了1200份
第四个月	1.00	此时基金市值变成1200元，为了达到4000元的市值，投资者必须再申购2800份的基金方可

三、变额定投

“定额定投”这种基金定投的方式已经为许多人所接受，但“变额定投”的操作方法，你听说过吗？

从某种程度上来说，定期变额投资法是对定期定额投资方法的改进，而且易于操作，只要投资人对大盘平均市盈率的变化稍加关注就行了。这一操作方式可以更有效地提高资金的使用效率。

罗杰在工商银行定投了两只基金，分别设定每月4000元的额度。去年下半年，股市开始震荡向下，不过罗杰倒也一点都不慌张。因为当股市跌得厉害的时候，正好是他基金定投的扣款日，他还会暗自庆幸自己捡了便宜。

期间，有一次股市跌得相当厉害，而他手上还有几千元的闲钱，他通过网上银行，再次购买了这两只基金。购买完成后，他就在下个月扣款前取消了这两份临时定投。现在，每当股市下跌又恰逢小罗手头有零钱时，他就会采取这种方式增加定投。同时，一旦股市每上涨200点，他每月的投资额就相应地减少1000元。

尽管每月的投资金额不同，但变额定投依然遵循着定投逢高减筹、逢低加码的投资原理。

第三节 基金定投业务办理

前面我们分析了基金定投的优势，鉴于它的优势，不少投资者都选用了这一方式进行理财，这就涉及一个很重要的问题——此项业务如何办理？

一、业务的开通

办理基金定投的手续很简单，投资者只要带上身份证和银行卡在银行柜台办理即可，也可以通过网上银行的银证通或者银基通申请办理。

1. 去银行柜台办理

基民去银行柜台办理基金定投业务，需要签订基金申购协议，协议中会明确指出在每个月的某一天从账户中划账买基金。具体是哪一天，每个银行的规定不同，比如招商银行就是每个月的8日扣款。

2. 通过网上银行的银证通或者银基通办理

通过网上银行的银证通或者银基通来办理此项业务，其开通手续非常简单，只要选择基金，并且填写每月申购金额就可以了。网上银行的好处在于可以经常改变每月申购金额。

二、基金定投的费用

基金定投的手续费和一次性申购的手续费是一样的，没有额外的手续费，定投只不过是定期由银行帮投资者自动扣款来申购基金而已。

手续费一般有两项：一项是申购费，就是按照购买的金额来收取，如果购买的基金属于后端收费，那在申购的时候就不收手续费，而是在赎回的时候收，所以如果你打算持有基金时间较长的话，可以考虑买后端收费的基金；另一项手续费就是赎回费，这个费用也是会随着持有基金时间的增加而减少，具体可以查询每个基金的费率详情。

三、定期定额如何扣款

在基金定投这种方式下，相关的代销机构将按照投资者申请时所约定的每月固定扣款日、扣款金额扣款。若遇非基金交易日则顺延到下一基金交易日。

需要注意的是，投资者必须要指定一个资金账户作为每月固定扣款账户，并且这个账户是进行基金交易时的指定资金账户。如果到了扣款日投资者账户内资金余额不足则会导致该月扣款不成功，因此投资者需要在每月扣款日前在账户内按约定存足资金。

四、基金定投业务的退出

虽说基金定投是一种长期投资行为，但中途也可以退出，有两种方法，具体内容如下。

一种为自动退出：投资人主动提出退出基金定投申购业务申请，基金管理公司确认后，定投业务停止，系统停止扣款。

另一种为违约退出：投资人指定的扣款账户内资金不足且投资人未能按照约定补足申购资金，系统将记录投资人违约次数，到达一定的次数之后，系统自动终止投资人的基金定投业务。违约次数的规定各个银行有所不同。

第四节 基金定投的三项原则与九大技巧

基民选择基金定投这一理财方式，不必筹措大笔资金，每月利用闲置资金来投资即可，既能强迫储蓄又不会造成经济上的额外负担，更能积少成多，使小钱变大钱，以应付未来对大额资金的需求，不失为基金理财的好方式之一。然而，实践中有部分选择定投的投资者也出现了亏损。所以，为了避免出现这一情况，投资者还需掌握定投的原则与相关技巧。

一、基金定投应遵循的三项原则

定期定额投资为投资者提供了一种新的理财渠道，投资者可以每个月扣取一定金额，参与基金的长期投资。由于它具有多重优点，因而基金定投逐渐为大多数中小投资者所接受并成为比较常见的理财方式之一。需要提醒投资者注意的是，在操作过程中，需要把握好如下三项原则。

1. 量力而行

曾有投资者设定每月扣款10000元用作基金定投，但一段时间后却必须把定期存款取出来继续投资，这样和定投的初衷是不相符的。因此建议大家最好先分析一下自己每月的收支状况，计算出闲置资金，做到轻松理财。

2. 持之以恒

长期投资是定期定额积累财富的一个重要原则，这种方式要持续3年以上，才能收到好的效果，并且长期投资更能发挥定期定额的复利效果。

3. 转换定投产品要谨慎

定投某一只基金产品，可能会出现基金业绩差强人意的情况。这时，会导致投资者产生转换基金产品的想法。因此，投资者在做定投时，除了要考虑定投产品的净值波动情况，更应当考虑市场环境，从而避免因为转换不当而影响定投计划的完成。

二、基金定投的九大技巧

如今，基金定投的方式已经被越来越多的投资者所采用，为了提升投资收益，在投资过程中，基民还需掌握一定的投资技巧。

1. 红利再投资收益更大

很多投资者在办理定投时，会忽略选择红利再投资。实践证明，从长远眼光看来，与现金分红相比，红利再投资的收益更大。其原因有二：其一，红利再投资是将分到的现金红利折算成份额再投资该基金，这样便能享受到复利的增长效果了；其二，基金管理人为鼓励投资者追加投资，一般规定红利再投资不收取费用，这样便有利于降低投资者的成本。

2. 基金定投时间的选择

基金定投开始的时间也是需要投资者选择的。一般来说，基金定投比较适合趋势向上的市场，这样投入越多收益越多。

若大盘涨得很高，基金价格也很高，并且对后市也不看好，此时便有如下两种选择：其一，可以停投一到两个月，不影响以后定投，但不要连续停投三个月，如果连续停投三个月，定投就会自动停止；其二，适当减少投资。反之，若股市在熊市，可以适当增加投资，以增加基金份额。

3. 为自己设定一条止盈线

我们买基金的目的是为了获利，而不是放着不动，定投基金的道理也是一样的，当获得丰厚的收益后一定要把所有的基金赎回来，然后从下个月开始继续定投。

台湾有一位姓张的基民，他从1996年开始定投了一只日本股市的QDII基金。日本股市在1989年12月创下38957点的历史最高纪录之后，日经指数一路走熊，牢牢地构筑了一个半山腰箱体——低点在8000点上方，高点在2万点附近。即便是这样，这位基民在基金投资的这11年间，其年均收益率仍然达到19%。

他是怎么做到的呢？除了充分发挥定投优势外（愈跌愈买，摊低成本，待行情反弹，才可能倍数获利），这位基民还为自己设定了一个止盈线。每个月买，当资产翻了1倍，也就是复合收益率达到100%以后，把所有的基金赎回来，下个月继续买。

基民朋友们可以借鉴这位投资者的做法，在长期定投过程中选择设定适合自己的止盈线，从而帮助自己取得更为理想的长期投资收益。例如，不管是高点买入还是低点进入，只要盈利超过20%，就获利了结；跌幅超过20%，则将定投金额增加1倍，待获利20%，就获利了结；如此周而复始。只要选择的市场不是一直往下，从不反弹，均有获利机会。

4. 基金定投还要学会三分法

俗话说“不要把鸡蛋放在同一个篮子里”，要学会充分利用基金市场的资源，达到资源的优化配置。尤其是在市场走势不明朗、反复震荡拉锯时进行基金定投，为了进一步分散系统性风险，基民不妨采取三分法，将每月定投的总金额划分为三等份，分别投资股票基金、债券基金和货币基金。

由于不同类型基金面临的市场风险有差异，如此可以降低整个组合的系统性风险。一旦市场进入明显的上升通道，还可以把三等份中的货币基金转换为指数基金，以强化定投组合获取收益的能力。

5. 资产配置保持动态的平衡

谈及基金定投，不少基民往往只是针对一个基金或者一类基金。其实资产配置同样是长期投资不可或缺的理念，这样有助于投资收益实现最大化。

比如我们决定以每月3000元构筑一个50%股票型基金和50%债券型基金的定投组合，那么最初时每月定投资金将各有1500元进入债券型基金和股票型基金。不过若经过一个月的变化，股票型基金下跌至1300元，而债券型基金却上涨至1600元，那么为了维持50:50的资产配置，我们就要在定投过程中进行动态平衡，即投入1650元至股票基金，使其总市值达到2950元，投入1350元，使债券基金同样市值达到2950元，两者比例继续保持50:50。

6. 封闭式基金也可定投

虽然定期定投一直为开放式基金所推崇，其实封闭式基金一样可以进行定投，只不过这需要我们在二级市场上自行操作。

7. 学会应用定点加强法

定点加强就是根据我们的自行判断，在定期定额的基础上于特定时刻增加或减少某类基金的份额，以期通过一定程度的主观判断来加强回报。

常见的定点加强法可以是基于指数或者估值。前者便是规定，若上证指数或其他标志性指数跌破多少点，就额外追加一定金额的资金，以便在相对低点累计更多的份额，而另一种则是基于市盈率或者市净率这样的估值指标，低于多少倍时就额外追加一定金额的资金，这个则需要投资者自行关注并操作了。

另一种定点加强法，则是与“资产组合+动态平衡”相结合，并不追加或者减持总体基金份额，而是调整股票、债券两类资产的比重。比如当市净率高于某一数值时，要将已持有的股票型基金和债券型基金比例调整为50:50，同时每月也按照50:50动态平衡定投额；当市净率低于某一数值时，其会选择将已持有的股票型基金和债券型基金比例调整为90:10，同时每月也按照此比例动态平衡定投额。

8. 掌握解约时机

定期定额投资的期限也要因市场情形来决定，比如已经投资了2年，市场上升到了非常高的点位，并且分析之后行情可能将进入另一个空头循环，那么最好先行解约获利了结。另外，如果您即将面临资金需求时，就更要开始关注市场状况，决定解约时点。

9. 善用部分解约，适时转换基金

有些基民误以为，基金定投在办理赎回时，只能将持有的基金份额全部赎回结清。其实，在基金定投这一投资方式下，也可以部分赎回或是进行部分转换，以最大化地提升投资收益，降低投资风险和成本。

因此，基民开始定期定额投资后，当自己对后市情况不是很确定时，也不必完全解约，可赎回部分份额取得资金。若市场趋势改变，可转换到另一轮上升趋势的市场中，继续进行定期定额投资。

第五章 构建基金投资组合

你应该买几只不同的基金，它们的经理追求不同的投资风格：价值型、小型公司、大型公司等。投资六只相同风格的基金不叫分散投资。

——彼得 · 林奇

第一节 组合投资是最佳的选择

鉴于投资基金有比较可观的收益、风险低、省时省力等诸多优点，因此，许多人都加入到了基民大军的队伍中，但有一部分基民或集中投资一只基金，或没有进行组合，盲目地将资金集中在高风险高收益的品种上。

2007年上半年，股市一片大好。毫无投资经验的张阿姨也跃跃欲试。她从银行里取出了4万元，购买了一只股票型基金，从此开始了她的“养基”之路。

在前几个月，张阿姨看到自己的基金净值一路上涨，心里很是高兴。可没高兴多久，到2007年年底的时候，股市进入了下跌的行情。起初，张阿姨并不在意，认为股市涨跌是很正常的，她也没有想过要对自己的基金进行调整。

可到了2008年，股市一路下挫，张阿姨购买的股票型基金净值也跟着下跌，亏幅达40%以上。事后，她和同小区的王叔聊起这件事。王叔可以说是个老基民了，他这样说道：“投资基金最好构建一个投资组合，你看我，在2007年时，我将我的资金分为两部分，其中股票型基金占80%，货币型基金占20%；到了2008年时，情况正好反过来了。虽然现在股市很低迷，但我也略有盈利。”

“不要将所有的鸡蛋都放在一个篮子里。”这句话我们已经多次说过，投资基金自然也需遵循这个法则。换句话说，基民购买基金时，不宜买入过多性质一样的基金。在指数高点时，投资基金需要注意配置那些不会随着股市大跌的非股票型基金，并以基金组合的方式进行理性、科学的投资。

然而，有些基民却似乎对“某一个篮子”的基金表现出独特的兴趣，最后因为市场行情的变化而未及时对其做出调整，导致投资受损。上面故事中的张阿姨便是其中的一例。

一、基金组合的优势

投资者在进行投资理财时，要做到分散投资，这样能帮助我们降低投资风险。这个原则对基金投资也同样适用。

彼得·林奇作为一个成功的基金管理人，对普通投资者如何投资、挑选基金给出了很好的建议。林奇认为，“随着市场和环境的变化，具有某种投资风格的基金管理人或一类基金不可能一直保持良好的表现，投资者不知道下一个大的投资机会在哪儿，因此对不同风格的基金进行组合是有必要的。

在此，我们就简要地介绍一下什么是基金组合。基金组合是指通过同时投资于多只基金，降低组合收益的波动，增强投资的稳定性，使基金投资在各个阶段都能够获取较好的收益。

在变幻莫测的投资市场中博弈，如果将鸡蛋放在一个篮子里，无异于加大了风险，一旦方向判断与市场走势相悖，则难逃满盘皆输的命运。而通过投资组合可以起到分散基金的投资风险的效用。

二、构建基金组合的依据

股指跌宕起伏，基金净值也出现大幅震荡，在震荡市中，构建适合自己的基金组合可较为有效地分散系统性风险。因此，基金公司作为投资机构，会构建自己的投资组合。作为单个基民，我们也需构建自己的投资组合。就基民个体而言，该如何构建自己的投资组合呢？下面提供了三点建议。

1. 根据风险和收益来构建基金组合

不同类型的基金给投资者带来的风险是不同的，其中，股票型基金风险最高，货币市场基金和保本基金风险最小，债券基金的风险居中。同时，收益和风险通常是成正比的，因此，在构建的基金组合中，需合理平衡各类型基金的投资比例。

2. 根据投资期限来构造基金组合

投资者要了解自己手中闲置资金可以运用的期限，以此来建立一些备选的候补基金。另外，当市场行情出现明显的大幅调整时，基民也需对自己的投资组合做出调整。

3. 根据投资者自身特点来构造基金组合

不同的投资者应该根据基金的特点、业绩等因素，并结合自身的特点，有针对性地选择基金产品组合。

每只基金产品都有它的优势和劣势，设计好基金组合，关键是要在了解基金特性的基础上，根据自己的经济实力和所要实现的收益目标做出合理组合。

关于如何构建健康的投资组合，让我们来听听一位理财高手的心得吧。

老何是一名高级工程师，手上有闲余的资金，他于2005年进入股市，同时也投资基金，从2005年到2013年这8年间，经过了大牛市之后的金融危机，他的投资稳稳当当地渡过了各种风险，至今仍取得了较为可观的收益。当有同事向他请教投资秘诀的时候，他是这样说的：

“我当初在选择基金的时候，投资的是多种基金的组合而非单一基金。股票基金、混合型基金、债券基金、货币基金都在我的投资组合中存在。其比例是这样分配的：高收益高风险的股票基金和混合基金大约占六至七成，另外一部分资金则投资一些风险较低的债券型基金和货币基金。债券型基金波动比股票基金要小，而货币基金则可以当成流动性较强的现金管理工具，两者作为防御型的投资品种都能有效降低市场波动造成的投资风险。

“另外，在构建基金组合时不可随意，要先确定主线，精心挑选三四只业绩优秀的股票基金和混合基金作为核心投资品种，这是决定整个组合投资长期回报的最主要因素。这种核心产品，要选择那些费率合理、数年内平均回报率较高的基金，这样才能保证获得较好的收益。”

组合投资是一门学问，基民应根据自身的实际情况，在了解各种基金产品特性的基础上，做好相应的排列组合，以此来实现投资收益的最大化。

第二节 基金组合的层次及主要形式

前面我们说过，投资者既可单一认购任何一只基金，也可自由“配餐”组合，但选用后者可以起到提高收益、降低投资风险的作用。

而要想通过基金组合这一方式来获得理想的投资收益，我们就有必要事先了解基金组合的层次与形式。

一、基金组合的层次

基金投资组合可以分为两个层次：第一个层次是在股票、债券和现金等各类资产之间进行比例分配，即如何在不同的资产当中进行比例分配；第二个层次是债券的组合与股票的组合，即在同一个资产等级中选择几个品种的债券和几个品种的股票以及各自的权重。

在投资领域，有这样一种简单的组合方式，即建立投资组合时请运用“一百减去目前年龄”的公式。这一公式意味着，如果你现年60岁，至少应将资金的40%投资在股票市场或股票基金；如果你现年30岁，那么至少要将70%的资金投进股市。

二、基金组合的形式

一般来说，常见的基金组合形式有如下几种。

1. 哑铃式投资

哑铃式投资模式是目前国际市场上比较成熟的投资方法之一，其基本思想是同时投资两类风格反差较大的产品，是一种集成长与价值、周期性与防守性并存的投资策略。形象地说，即“一手执矛，一手执盾”。这种组合具有两种产品的优点，同时也能回避因市场波动带来的损失。如“股票型基金+债券型基金”“大盘基金+中小盘基金”“价值型基金+成长型基金”等。

2. “核心+卫星组合”式投资

在“核心+卫星组合”的投资模式下，“核心”就是选择长期表现比较稳定的基金，“卫星”部分可以适时去调整，这种方法是稳健的基金组合，适合于大多数投资者。

“核心+卫星组合”式投资的模式能保障基金组合的长期稳定增长，因此，它无须基民进行频繁地调整，同时又能满足基民灵活配置基金产品的需求。

3. 金字塔式投资

目前，大盘站在两千点附近，基金净值涨势不断，不少等待建仓或准备加仓的基民却很郁闷：持币不动，可能错失上涨机会；如果买入，又担心大盘随时掉头。到底买还是不买？

对于手中有一笔资金的基民来说，与其一次全仓押入，不如尝试“金字塔式”的投资策略，无论后市涨跌，都进退有度。

（1）后市下跌，可降低申购成本

假如第一次申购后，净值开始下跌，可把一笔资金分为好几份，越下跌买得越多，这样就拉低了总体申购成本。等大盘上扬时，就可享受股市收益。

在这个过程中，随着时间的变化，买入的基金份额也由少到多，呈倒三角形，因此称为“倒金字塔”策略。

小韩有4.5万元的流动资金想要投资某基金。第一次买入时，该基金的净值为1.2元，他投入1.2万元的本金，可申购到1万份基金（忽略交易成本，下同）。

此后，股市开始调整，该基金净值下跌到1元时，小韩又投入1.5万元的本金，申购到约1.5万份基金；之后，当净值下跌到0.9元时，小韩将剩余的1.8万元全部投入，可申购到约2万份基金。

借助“倒金字塔”法，小韩的盈亏点被拉低到约1元，也就是说，小韩只要等基金净值回升到1元就可回本。

而如果小韩在第一次就将4.5万元全仓投入，则要等基金净值回升到约1.2元才可以回本。表5-1简要地概括了这一操作过程。

表5-1“倒金字塔”策略与一次性申购比较

“倒金字塔”申购				一次性申购			
进度	基金净值	申购金额	获得份额	进度	基金净值	申购金额	获得份额
第1次购买	1.2	1.2万元	1万份	一次性申购	1.2	4.5万元	3.75万份
第2次购买	1.0	1.5万元	1.5万份				
第3次购买	0.9	1.8万元	2万份				
盈亏点=4.5万元÷4.5万分=1元				盈亏点=1.2元			

（2）后市上涨，申购可降低风险

假如在第一次申购后，净值开始上涨，同样也可把一笔资金分成几次建仓，只是越上涨就买得越少，这样既可规避大盘掉头风险，又可将平均成本保持在当前净值之下。

为了更清晰地说明这一问题，下面给出了一个示例。

第一次，小郑拿出4万元的四分之一，即1万元，申购净值为1元的某基金，可申购1万份（忽略交易成本，下同）；此后，净值上涨10%，即上涨到1.1元时，小郑又投入原4万元的五分之一（即8000元）申购该基金；此后，净值每上涨10%时，就加仓一次，但金额逐次降低为原4万元的六分之一、七分之一……假如小郑在加仓到第四次时，净值上涨到1.331元时建仓完毕。

这样做的结果是，由于净值一直上涨，小郑的平均投资成本虽高于初始净值1元，但仍明显低于当前净值1.331元。更为重要的是，小郑可以规避市场回调的风险。例如，在小郑买入两次后，市场掉头向下，小郑采用“金字塔式”申购，只有1.8万元本金受损失；若当初一次性建仓，4万元都会受损失。

需要补充说明的是，定额定投≠“金字塔式”投资。

“定额定投”与“金字塔式”投资是两种投资方式，均为分批投资但“定额定投”通常固定为1个月投资一次，每次投资额可以较低，更适合积蓄有限、每次投资金额不多的工薪族。

而“金字塔式”投资一般分数次购买就可以，整个投资期间不会很长，适合于后市情况不明朗时、有一笔积蓄希望配置基市的投资者。

第三节 构建适合自己的基金组合

我们很难有足够的把握抓住每个阶段表现最好的基金，那么就可以通过组合，把可能表现好的基金拿来进行一揽子投资，这样有助于投资收益最大化。因此在基金投资中，有“做好配置等于投资成功一半”的说法。根据投资目标、风险承受能力和投资金额等，投资者采取不同的投资策略，可将资产按不同比例配置在股票型基金和各类固定收益类基金上。

一、建立基金组合的3项原则

一份好的方案能够使事情的解决更加高效化。同样一个好的投资组合也能使投资者的收益最大化、风险最小化，从而使基金投资者变得轻松、惬意。但什么样的基金投资组合才是完美的投资组合呢？要弄清这一问题，基民首先需要了解构建基金投资组合的原则。

1. 与投资目标匹配原则

基金组合的总体倾向要和投资目标相匹配，主要是从风险角度考虑。例如全部投资于股票基金可能波动风险较大，那么通过部分投资于配置型基金，可以帮助投资者降低总体风险。

2. 风格配置原则

所谓风格配置原则，是指组合中的基金应该有多样化的风格特征，如果基金风格高度一致，那么组合就起不到应有的效果。

3．分散风险原则

这和前两个原则是类似的，也就是我们不把鸡蛋都放在同一个篮子里，不把希望都寄托在一只或一类基金上。对于每位基民来讲，构建投资组合是必不可少的。而为了降低基金投资的风险，掌握上述三项原则很有必要。

二、3步构建自己的基金组合

进行基金组合，首先，投资者要根据自己的风险承受力确定一个明确的投资目标，然后选择3～4只业绩稳定的基金，构成核心组合，这是决定整个基金组合长期表现的主要因素。

1．确定一个明确的投资目标

为什么投资？投资要达到什么目标？需要多少资金？弄清这些问题是建立基金组合投资的第一步。

首先，个人的投资目标和风险承受能力可能不一致。例如，你需要借助股票型基金获取高收益以实现投资目标，却无法承受在一个季度内亏损20％的风险。这时，你要么接受这个风险水平；要么调整投资目标。其次，时间因素也有重要影响。如果投资目标是30年后用于退休养老，你就可以承受较大的收益波动，因为可分散风险的期间较长，即使投资出现亏损，还有时间可以等待基金净值的回升。图5-1形象地说明了这一问题。

图5-1 基金投资目标与基金组合的关系

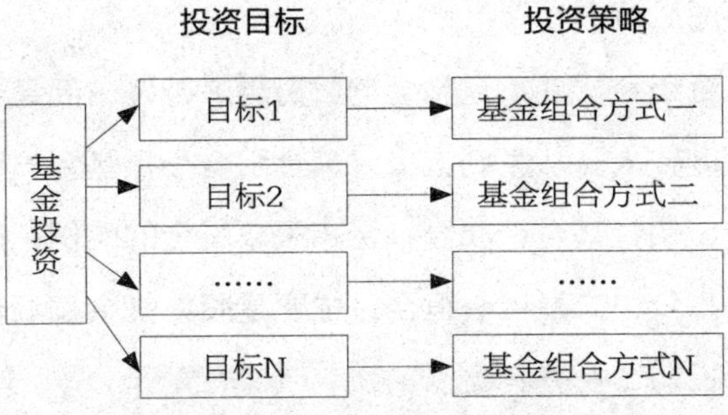

2. 制订核心组合

一般来说，一个好的基金组合都会包括“核心组合模块”。

针对每个投资目标，投资者应选择3～4只业绩稳定的基金，构成核心组合，这是决定整个基金组合长期表现的主要因素。这个组合选择好了，能确保投资处于一个比较稳定的状态。在以后的一段时间里，若有了闲余资金，你可以再逐渐增加投资金额，而不是增加核心组合中基金的数目。

大盘平衡型基金适合作为长期投资目标的核心组合，至于短期投资目标的核心组合，短期和中期波动性较大的基金则比较适合。

3. 非核心组合的基金

在核心组合之外，不妨买进一些行业基金、新兴市场基金以及大量投资于某类股票或行业的基金，以实现投资多元化并增加整个基金组合的收益。

小盘基金也适合进入非核心组合，因为它比大盘基金波动性大。例如核心组合是大盘基金，非核心搭配则是小盘基金或行业基金。

但是，这些非核心组合的基金也具有较高的风险，因此对其要小心限制，以免对整个基金组合造成太大影响。

那么，到底在组合中持有多少基金为最佳呢？这并没有定律。需要强调的是，整个组合的分散化程度，远比基金数目重要。如果投资者持有的基金都是成长型的或是集中投资在某一行业，即使基金数目再多，也无法达到分散风险的目的。相反，一只覆盖整个股票市场的指数基金可能比多只基金构成的组合更能分散风险。

一个好的基金组合，并不是基金的数量越多越好，而是要让组合中单只基金的差异化程度较大。从原则上讲，基金组合一是基金类别的配置，主要是货币市场基金、债券基金、混合基金和股票基金的比例，这决定了基金组合预期收益率的高低；二是核心组合，主要是股票基金和混合基金的配置，这决定基金组合长期的收益表现。

实操案例一

2013年1月4日股市开市，上证指数以2289.51点开盘，于2013年12月31日以2115.98点，年内跌幅7.58%，使得不少投资股票的股民们都遭到了财富亏损。在这一背景下，不少投资者选择转战基金，以期获得理想的投资收益，老赵就是其中的一员。

老赵夫妇是一对已经退休的企业员工，通过几十年的积累，退休后两人存有一定的银行存款，约有二十万元。另外，他们有两套房，一套自住，另外一套出租，每月的房租也是他们的收入来源。

从2013年下半年开始，老赵陆陆续续把钱投入了基金市场，买了十多只基金，包括上投优势、嘉实策略、华夏大盘、景顺长城、汇添富均衡增长、博时基金等。“我通过听一些理财专家的讲座，看报纸上的业绩排名，觉得这些基金都不错，都是排名比较靠前的基金，所以都配置了一些。”

老赵就属于对风险不够了解的人群，对自己的理财目的也不是特别清楚，这些对他以后的投资、生活都会产生影响。首先，老赵夫妇是退休人群，投资的主要目的是养老、医疗，重点是财富的保值。另外，老赵对风险的选择明显超过了合适的水平。在他的资产配置中，股票型基金占了大头。一旦熊市来临，可能带来损失。建议老赵减少股票型基金的配置比例，增加配置型基金及债券、货币基金的比例。

实操案例二

林先生是一名高级工程师，经济较为宽裕，听朋友说基金不错能赚钱，考虑到自己目前也没有大的支出，便直接把自己多年的积蓄20万元买成收益不错的股票基金，几个月后收益就达近15%，这让他乐得合不拢嘴。

然而，天有不测风云，一天，他接到电话说家人住院急需手术费5万元，这下可让他为难了，因为他现在能拿出的现金也就1万多一点，其他钱都在基金上，于是赶紧准备赎回，可办完赎回后才得知钱最快也得4～5个工作日才能到账。关键时刻林先生只好找好友借钱。

经历了这一事件之后，林先生开始认真学习基金组合方面的知识，在学习之余，他也咨询了理财专家的意见。在具备一定的理财专业知识之后，他重新调整了自己的基金组合，其具体内容如下。

首先是活期存款+货币基金（40%）；其次30%低风险的债券基金，这是自己的稳健资产的基石；其余的则是几只股票型基金（30%），以期这几只基金能在未来的时间内能带来较高的收益。

一个好的理财组合不仅仅是为了追求高收益，还要兼顾流动性和收益性，既能保证家庭应急以及短期需要，同时也能在中长期实现资产的保值增值。林先生最初全部投资基金导致资产在临时需要时不能满足需求，反而得找朋友借钱周转，这就是理财组合中典型的缺乏流动性考虑。而调整后的基金组合，涵盖了高流动性的活期存款和货币基金、低风险的债券基金、高风险股票型基金，这无疑是一个比较合理的组合模式。

第四节 调整基金投资组合

“乍暖还寒时候，最难将息”，每当天气突变，个人身体素质的差异就会明显体现出来。而投资理财同样也要讲究均衡组合，市场好的时候大家未必察觉，不过等市场状况糟糕的时候，你的投资组合是否能为你带来最大化的收益就会很快见分晓。

在国内基金业，组合投资的做法也越来越被普通投资者所接受。

一、为什么要调整基金组合

基金组合构建完毕后，并不是将其放在一旁不闻不问了，基民还需适时地对其进行调整。在解释这一问题之前，让我们先来看下面这则示例。

老吴的两个孩子即将到外地读大学，在开学之际，他分别送给每个孩子一份礼物——5000元某股票型基金和5000元的某只债券型基金。

哥哥收到这份礼物后便开始关注起理财方面的知识来，在大学四年中，他会依据市场行情对自己的这份基金菜单进行调整。四年之后，他的这1万元变成了1.5万元。

妹妹在收到这份礼物后，只是把它当作自己的一份“财产”，并没有花心思去打理它，四年后，她的基金收益也获得了一定程度的上涨，变成了1.2万元。

当妹妹高兴地告知哥哥这一消息时，她发现哥哥比自己多赚了3000元钱，这是为什么呢?

调整基金组合使得投资目标与预期收益能保持一致。上例中的这位哥哥就是因为不断根据市场行情来调整自己的基金组合，所以他的投资收益才能高出妹妹。

另外，基民在构建了自己的基金组合后，随着时间的推移，每种类型的基金的收益都会发生变化，进而可能导致某类或某只基金在基金组合中所占资金比例发生变化，这样势必会影响基金组合的收益性与风险性，所以，基民有必要定期调整自己的基金组合。

还有另一种情况，即当投资目标发生改变时，也需及时调整自己的基金组合。

如一个家庭为孩子准备了15万元的留学教育经费，但孩子学习成绩优秀，获得了公费国外留学的机会。此时，孩子的父母可以将这笔资金留作自己的养老金或购房开支，这样他们就可以重新来构建他们的基金投资组合。

二、6步调整你的基金组合

基民在构建好自己的投资组合后，没有必要频繁地检查自己持有的组合，这样做不仅耗时，还很可能会导致追求基金的短期表现，从而使交易频繁，发生不必要的费用和税收。调整投资组合的目的主要是找出是否存在问题及需要采取的调整手段。其操作步骤如表5-2所示。

表5-2 基金调整的步骤

基金组合调整步骤	相关说明
确定你的投资计划与目标	先根据你的投资目标、投资期限和储蓄率来确定你在股票、债券和现金方面的资产配置

续表

确认目前组合的资产配置情况与你的投资目标相符	如果投资者的情况出现了变化，就必须重新考虑适合自己目标的新的配置比例 投资者的情况不变，所持基金的投资策略发生变化或各品种市场表现发生变化，投资者也需考虑是否调整组合及如何调整
检查投资品种的相对业绩表现	投资者每季（或每半年）都有必要回过头来看看自己的组合中贡献最大及拖累最大的基金品种分别是哪个，也可以与自己要求的回报率相比，找出那些偏差较大的品种。这里有两点需要注意：一是不要太看重短期表现，建议选取半年或者1年以来的回报率作为依据；二是不要简单地把投资表现差的品种转移到表现好的上，主要看其实际价值与价格的相对位置，比如一些超跌的品种反而应该增持，它们在下半年很可能存在更大的机会
留意基金的投资风格	通过晨星网站的组合透视器，你可以了解基金组合的行业配置。你是否在高科技行业配置较重？或是金融行业？如果你组合的行业配置严重倾向于某一行业，但你对这样的配置没感觉不适的话，那么无须调整
调整你的基金组合	如果你的组合符合你的目标资产配置，并且你没有冒险倾向于某个行业或某类风格的基金，那么，无须调整 如果你决定对自己的基金组合做一些改变的话，那么你的工作又开始了。在某些情况下，你需要进行的变更很明显——如果债券配置比重过大，卖出债券基金就能解决问题，而有时则需要更深入地研究才能做出正确的调整
养成再平衡的习惯	通常有两种方法达到再平衡的效果——或者你可以进行定期再平衡，比如说每年12月份，或者你可以在你的组合严重偏离目标时进行再平衡。建议把这两种方法合二为一

总而言之，基金组合不应该是一成不变的，需要及时调整才能满足既定的预期收益和风险程度的要求，才能达到进一步分散风险提高收益的目的。

第五节 基金组合投资应避开的误区

基民在构建自己的投资组合中，应避开如下七个误区。

一、没有明确的投资目标

投资不能无的放矢。但时间久了，投资者很容易忽略某项投资的存在目的。股票基金通常扮演资本增值的角色，而投资于债券基金或者准货币市场基金往往是为了获得稳定的收益。

例如，要确保五年后当你的子女的教育经费，使你有足够的资金供其完成学业。又如出于30年后退休养老的考虑，你希望这段期间基金组合的收益达到某一个百分比。因此，基民在构建基金组合时应仔细考虑投资目标和投资需求的优先顺序，以及原先的目标和需求顺序是否发生改变。如果组合中某项投资不能实现目标，应考虑更换出局。

二、基金投资“全面撒网”

2007年股市的火爆行情已经成为历史，这个期间，由于基金业绩的优异表现，唤醒了投资者的理财意识。而2008年以后，行情发生变化，也让“鸡蛋不能放到一个篮子里”这种分散投资理论深入人心。但是，不少投资者却忽视了过度分散投资的风险。其实，基金投资不宜过度分散。

很多投资者出于各种主动或被动的原因，买入并持有很多基金品种，并且认为这样做可以更大程度地分散风险，增强资金安全性。这其实是一个误解，基金本身就是一个股票或债券组合，已经比较充分地分散了个股风险。买入几只风格不同的基金，可以分散特定风格基金具有的风险，但并不是买的基金越多，分散的风险就越多。对于分散基金投资风险来说，整个组合的分散化程度，远比基金数目重要。因此，基民在构建自己的基金组合时，应避免基金“大杂烩”。

三、缺少核心组合

如果你持有许多基金却不清楚为何选择它们，那你的基金组合就可能缺少核心组合。针对每项投资，应选择3～4只业绩稳定的基金构成核心组合，其资产可以占到整个组合的70％～80％。在境外，许多投资者选择大盘平衡型基金作为核心组合。

四、基金组合“失衡”

好的基金组合应是一个均衡的组合，即组合中各类资金的比例应维持在相对稳定的状态。随着时间的推移，各项投资的表现各有高低，如果某些投资表现特别好或特别差，会使整个组合“失衡”。这时，你需要及时对其做出调整。例如，如果你的基金组合是债券型占25％，小盘成长型占10％，大盘平衡型占65％。假如小盘成长型大涨，则可能使你的组合中小盘成长型比重过高，这时就应及时调整自己组合中的资金比例，使之恢复原定状态。

另外，基民还需检查一下，你所构建的基金组合中持有的多数基金风格是否雷同，这样各只基金的收益表现可能高度相关，实际上也就起不到构建组合的效果了。

五、频繁调整积极组合

构建好基金组合后，一般情况下，只要时不时（一般每个季度）观察一下综合绩效情况就可以了，不需要频繁调整。当然，如果遇到了如下情况，就需要考虑调整组合了。

（1）投资者的风险收益特征发生了较大变化。

（2）构成组合的基金风格发生了重大变化。

（3）构成组合的基金基本面发生了重大变化。

六、同类基金选择失当

你持有的基金是什么风格？你是否持有过多同类风格的基金？我们可以将持有的基金按风格分类，并确定各类风格基金的比例。某类基金的数目过多时，应考虑选择同类业绩排名中较好者，卖出排名较差者。

在做出基金卖出的抉择时，要对其长期业绩进行考评。也就是说，如果一只基金的长期业绩表现不佳，但与整体基金基准相差不大，则可以考虑继续持有观察；如果一只基金的长期业绩表现大大低于业绩标准，则需考虑将其卖出。

七、费用水平过高

在产品的选择上，假如两只基金在风格、业绩等方面都很相似，此时基民不妨将费用较低的基金纳入到自己的投资组合中。实践证明，年度运作费率为0.5%的基金和2%的基金的收益在较长一段时期内会有很大的区别。

基民构建投资组合的目的，除了分散投资风险之外，最主要的是要提高基金组合产品的收益。因此，无论是哪种基金产品组合形式，都应当以追求基金组合收益最大化为目标。所以，基民在构建投资组合的过程中，除了需检查自己的投资组合是否存在上述误区外，还需注重组合的稳定性与收益性，这对于基民的投资效果起着非常重要的作用。

第六章

股票型、债券型、货币型基金投资技巧

我们现在已经有一个肯定的结论——成本至关重要。它对于股票基金很重要，对于债券基金更重要，而对于货币市场基金，它几乎就意味着一切。

——约翰·C.鲍格尔

第一节 股票型基金投资技巧

证券基金的种类很多，股票型基金便是其中的一种。

股票型基金是股票投资中比例占基金资产60%以上的基金。与其他类型的基金相比，股票型基金具有如下三个特点。

其一，股票基金的投资对象具有多样性，投资目的也具有多样性。

其二，股票型基金风险较高，但预期收益也较高。

以2006年为例，中国股票基金的收益表现不俗。

其中，股票和混合资产类型基金年度回报率在众多基金理财产品中遥遥领先。

伴随着股市的大涨大跌，自然也会给股票基金带来不小的风险。所以，投资者在选择股票基金时，首先要问问自己：能否承受与避免中短期内基金净值的波动？

其三，从资产流动性来看，股票基金具有流动性强、变现性高的特点。股票基金的投资对象是流动性极好的股票，基金资产质量高、变现容易。

一、股票型基金的类别

从投资策略角度而言，股票型基金可以细分为如表6-1所示的三类基金。

表6-1 股票型基金的三种类别

股票型基金类别	相关说明
价值型基金	1．在这三类基金中，价值型基金的风险最小，收益也较低 2．价值型基金采取的是“低买高卖”的投资策略，因此价值型投资的第一步就是寻找“价格低廉”的股票。衡量股票是否“价格低廉”有两种方法，一种是用公式计算出股票的“内在价值”，如果股票的市场价值比内在价值低，则为值得买入的“低价股”；另一种是根据股票的市盈率（市价/每股收益）等价格倍数指标，与股票历史水平或行业平均水平进行纵向和横向比较 3．价值型投资风格的基金经理往往钟情于公用事业、金融、工业原材料等较稳定的行业
成长型基金	1．更适合愿意承担较大风险的投资者 2．成长型投资风格的基金经理通常更注重公司的长期成长性，而较少考虑购买股票的价格。他们较少投资于已进入成熟期的周期性行业，而青睐那些具有成长潜力的行业，如网络科技、生物制药等类型的公司
平衡型基金	它属于中等风险的基金。在投资策略上一部分投资于股价被低估的股票，一部分投资于处于成长型行业上市公司的股票

二、股票型基金的选择

因为股票型基金大部分资产都配置在股市里面，所以基金的走势与股市有很大关系：可能股市处于牛市的时候，基金净值会提高；股市处于熊市，基金净值会降低。所以考虑到是否要投资股票型基金时，一定要先判断股市的走势，如果股市偏弱，建议选择其他类型的基金。如果股市偏强，那股票型基金对于投资者来说是很不错的选择。

很多基民朋友可能会问，为什么不直接将资金投入到股票，却要选择股票型基金呢？实际上基金是很适合那些自己没有时间或者缺乏理财经验的人打理自己资产的投资者。而具体到股票型基金的选择，下面给出了三点建议。

1. 看投资取向

即看基金的投资取向是否适合自己，特别是对没有运作历史的新基金公司所发行的产品更要仔细观察。基金的不同投资取向代表了基金未来的风险、收益程度，因此应选择适合自己风险承受能力的、收益偏好的股票型基金。

2. 看基金公司的品牌

买基金实质上是买一种专业理财服务，因此提供服务的公司本身的素质非常重要。目前国内多家评级机构会按月公布基金评级结果。尽管这些结果尚未得到广泛认同，但将多家机构的评级结果放在一起也可作为投资时的参考。

3. 做好对股票型基金的分析

对股票型基金的分析主要集中于四个方面：经营业绩、风险大小、组合特点和操作成本，具体内容见表6-2。

表6-2 股票型基金分析的内容

分析的内容	相关说明
经营业绩分析	反映基金经营业绩的指标主要包括：基金分红、已实现收益、净值增长率，其中净值增长率是最主要的分析指标，最能全面反映基金的经营成果。净值增长率越高，说明基金的投资效果越好
风险大小分析	反映基金风险大小的指标有：标准差、贝塔值、持股集中度 （1）可以用净值增长率标准差衡量基金风险的大小，一般而言，标准差越大，说明净值增长率波动程度越大，基金风险越大 （2）贝塔值（β值）将一只股票基金的净值增长率与某个市场指数联系起来，用以反映基金净值变动对市场指数变动的敏感程度 如果某基金β值大于1，说明该基金是一只活跃的或激进型基金；如果基金β值小于1，说明该基金是一只稳定型或防御型基金
风险大小分析	（3）持股集中度越高说明基金在前十大重仓股的投资越多，基金的风险就越大

续表

组合特点分析	(1) 通过对基金投资的股票的平均市值的分析，可以判断基金偏好大盘股、中盘股还是小盘股 (2) 通过对基金所持股票的平均市盈率、平均市净率的分析，可以判断基金倾向于投资价值型股票还是成长型股票。如果基金的平均市盈率、市净率小于市场指数的市盈率和市净率，可以认为该股票基金属于价值型基金；反之，该股票基金可以被归为成长型基金
操作成本分析	(1) 费用率是平价基金运作效率和运作成本的统计指标 (2) 费用率越低说明基金的运作成本越低，运作效率越高

三、股票型基金操作的原则

在具体操作过程中，投资者需谨记如下两项原则。

1. 波段性原则

鉴于股票型基金的净值会随着大盘行情的走势而波动，所以，投资股票基金就要关注整个证券市场的走势情况，一味地持有未必是好的办法。

相反，时刻注意股市的走势，不断变化调整自己所拥有的基金，才是使财富增值最快的捷径。比如某一时期股市走低而债券市场红火，这个时候如果原先持有股票型基金的基民能迅速跳转到债券型基金，就能获得丰厚的回报。

2. 分批加仓原则

对于一些购买数额较大的投资者来说，在选择买入基金时，可考虑分批加仓的办法。比如，在对市场行情和趋势把握不太准确的情况下，可先购买一部分基金，而后择机逐步加仓，这样可均衡成本，防止特殊因素导致市场大幅波动，造成不必要的损失。

四、股市调整期的应对策略

当股市出现了较大调整，如何降低股票型基金的损失呢？

1. 将一部分收益现金化，落袋为安

每逢基金市场发生大的波动，各类型股票基金的业绩就会产生较大的差别。一些品种如分红型基金，达到一定条件就分红，此时，投资者可以将一部分收益转化为现金，以减少因股市下跌带来的净值损失。

另外，在行情不稳的时候，为了锁定收益，如果投资者原来选择红利再投资的，不妨暂时改为现金红利，这样能起到降低风险的作用。

2. 抛售老的基金锁定收益，同时购买新发行的基金

当股市进入暂时盘整期，但长期走牛的趋势没有改变的情况下，如果有投资需求，并且看好未来股市的话，可以选择抛售老的基金锁定利润，同时投资新发行的基金。

在股票明显升值期间，建议购买已经运作的老基金，因为老基金仓位重，可以快速分享牛市收益。而在股市盘整期，则应该购买新发行的基金。这是因为新基金一般有一个月的发行期，然后是至少3个月的封闭期（建仓时期），这样可以避过股市的盘整期。

股票型基金风险较大，若您是个风险厌恶者，请慎重选择！

第二节 债券型基金投资技巧

罗先生从2007年沪指在5000多点时就开始购买基金，由于股基挣钱快，他就购买了几只股，可随着大盘的下滑，他手头的几只股票型基金亏损过半，分红也少得可怜，这让他一直耿耿于怀、坐卧不宁，因而准备抽取部分资金转投债券基金。

张女士最近也迷上了买基金，只要有新基金就会去购买一些。“自己做股票风险太大，而储蓄利率又略显偏低。”张女士这样说道。在2007年、2008年间，她先后购买了好几只股票型基金。前期那几只基金确实表现挺好，让她小赚了一笔；但在接下来的熊市中，基金收益也跟着下跌，本金也缩水了。有了这些惨痛的教训，她与罗先生一样，不约而同地将目光转向了债券型基金。他们认为，债券型基金虽然增值较慢，但相对比较保险，是比较现实的选择。

股市的涨跌对股票型基金有着很大的影响，而债券型基金因其具有波动较小、风险相对较低的特征，受到了投资者的关注。

根据证监会的分类标准，80%以上的资产投资于债券的基金为债券型基金，又称债券基金。也就是说，债券基金并非仅仅可以投资债券，也可以少量投资股票等其他资产。

相比其他类型的基金，债券型基金具有如下特点，具体内容如表6-3所示。

表6-3 债券型基金的特点

优点	缺点
1．低风险。债券基金通过集中投资者的资金对不同的债券进行组合投资，能有效降低单个投资者直接投资于某种债券可能面临的风险 2．流动性强。投资者如果投资于非流通债券，只有到期才能兑现，而通过债券基金间接投资于债券，则可以获取很高的流动性，随时可将持有的债券基金转让或赎回 3．收益稳定。即便是在股市低迷的时候，债券基金的收益仍然很稳定，它几乎不受市场波动的影响 4．费用较低。由于债券投资管理不如股票投资管理复杂，因此债券基金的管理费也相对较低	1．只有在较长时间持有的情况下，才能获得相对满意的收益 2．在股市高涨的时候，收益也还是稳定在平均水平上，相对股票基金而言收益较低，但在债券市场出现波动的时候，甚至有亏损的风险

目前国内的债券基金大多不直接在二级市场上投资股票，但也有少数几只，如银河收益、长盛债券、华夏希望等，允许将少部分资金用于在二级市场上直接投资股票。

一般来说，可以直接投资股票的比例越高，可能获得的收益越大，相应承担的风险也就越高。

一、分清债券基金的A、B、C类

近日，基民老林想买一只债券型基金，却被基金的分类弄迷糊了：为什么同只基金还分为A、B、C三个类型，到底有什么区别？

和股票型基金不同的是，在债券基金中有些特殊的分类，比如鹏华普天分A、B两类。这之间到底有何分别呢？

首先，无论是A、B、C三类还是A、B两类，其核心的区别在于申购费上。表6-4清晰地说明了它们之间的区别与联系。

表6-4 不同类型债券基金的区别与联系

A、B、C三类的基金（无论前端还是后端，都没有手续费）	A、B两类的基金
A类一般是代表前端收费	一般A类有申购费，包括前端和后端
B类代表后端收费	
C类是没有申购费	B类债券没有任何申购费

可以这样说，按A、B、C三类这样划分，其中的A和B类基金相当于A、B两类分类中的A类，是前端或者后端申购费基金，而A、B、C三类分类中的C类基金相当于A、B两类分类中的B类基金，无申购费。

免去了债券基金的申购费固然能降低基金的投资成本，但有些基金虽然没有申购费，可在其招募书中，费率中都有一条名为“销售服务费的条款”。如在华夏债券的招募书上是这样写的：本基金A/B类基金份额不收取销售服务费，C类基金份额的销售服务费年费率为0.3%。本基金销售服务费将专门用于本基金的销售与基金份额持有人服务。也就是说，华夏债券C类虽然不收前端或者后端申购费，但收取销售服务费。

二、影响债券基金业绩的因素

影响债券基金业绩表现的两大因素，一是利率风险，即所投资的债券对利率变动的敏感程度（又称久期），二是信用风险。因此，在选择债券基金的时候，基民有必要了解其利率敏感程度和信用素质，这样便于我们了解所投资基金品种的风险高低。

1. 久期

债券价格的涨跌与利率的升降成反向关系。要想知道债券价格变化，从而知道债券基金的资产净值对于利率变动的敏感程度如何，可以用久期作为指标来衡量。久期以年计算，久期越长，债券基金的资产净值对利息的变动越敏感。

2. 信用素质

投资者还要了解债券基金的信用素质，这也是由基金所投资债券的信用等级决定的，债券信用等级越高，债券基金信用素质也就越高。

关于债券基金信用素质方面的信息，基民可以通过如下两种渠道来了解：基金招募说明书中对所投资债券信用等级的限制；基金投资组合报告中对持有债券信用等级的描述。

三、债券基金的购买时机

投资者要注意购买债券型基金的时机选择。债券型基金主要投资于债券，因此选择债券型基金很大程度上要分析债券市场的风险和收益情况。具体来说，如果经济处于上升阶段，利率趋于上调，那么这时债券市场投资风险加大。反之如果经济走向低潮，利率趋于下调，部分存款便会流入债券市场，债券价格就会呈上升趋势，这时进行债券投资可获得较高收益。总之，利率的走势对于债券市场影响最大，在利率上升或具有上升预期时不宜购买债券基金。

四、如何选择债券基金

虽然债券基金具有抗风险、收益稳健的特征，但不同的债券基金收益差距较大，因此，投资者在购买债券基金时要做到“三看”。

1. 看基金公司的实力

债券基金的表现主要取决于基金公司的整体实力，一般来说，投资管理能力强、风险控制体系完善、投资服务水平高的基金管理公司所管理的债券基金，有可能取得长期稳定的业绩。

2. 看债券基金的资产配置

纯债券基金风险低，而增强型债券基金风险较前者要高，当股市暴跌的时候，它们的净值肯定会受到拖累。当然，当股票市场出现投资机会时也能获得较高收益。

3. 看债券基金的交易费用

债券基金的长期收益低于股票基金，因此费用的高低也是选择债券基金的一项重要因素。

目前债券基金的收费方式大致有三类：A类为前端收费，B类为后端收费，C类为免收认/申购赎回费、收取销售服务费的模式，其中C类模式已被多只债券基金采用。

不同债券基金的交易费用有的相差两到三倍，因此投资者应尽量选择交易费用较低的债券基金产品。譬如，老债券基金多有申购、赎回费用，而新发行的债券基金大多以销售服务费代替申购费和赎回费，且销售服务费是从基金资产中计提，投资者交易时无须支付。

债券基金的三类收费模式各有特点，一般来说，A类模式按购买金额分档次收取认/申购费，适合一次性购买金额较多的投资者；B类模式按持有时间收费，持有时间越长，费率越低，适合准备长期持有的投资者；C类模式免收认/申购赎回费，按持有时间的长短收取销售服务费，适合持有时间不太长的普通投资者。

需要指出的是，并非所有的债券基金均开通了上述三类收费模式。

如工银强债券基金，基民在购买时，发现有A、B两类收费模式，两类模式对应的基金代码也不一样，其主要区别在于：A类有交易手续费，收取认购、申购、赎回费用，可选择前端或后端收费模式；B类则是免收交易手续费，但需从基金资产中每日计提销售服务费（年费率为0.4%）。

投资者可以根据投资期限和金额的多少，选择开通收费方式合适的基金。

如果您有一定的风险承受能力，又不满足于仅仅获取债券的收益，建议选择那些可以少量直接投资股票的债券基金。如果您不愿承担二级市场上股票波动带来的风险，只想获得稳定可靠的收益，建议选择那些不直接投资股票的债券基金。

五、投资债券基金的风险

债券基金与股票型基金相比，会给投资者带来更稳健的回报，但是这并不代表着债券基金是零风险的投资工具。

债券基金也有投资风险。投资债券基金主要面临三类风险。

1. 利率风险

利率风险即银行利率下降时，债券基金在获得利息收益之外，还能获得一定的价差收益；而银行利率上升时，债券价格则会下跌。

2. 信用风险

信用风险即如果企业本身信用状况恶化，企业债、公司债等信用类债券与无信用风险类债券的利差将扩大，信用类债券的价格有可能下跌。

3. 流动性风险

债券基金的流动性风险主要表现为“集中赎回”，这样就极有可能导致投资收益下降。

理财专家认为，债券型基金是一个风险和收益相对较低的投资品种，因此适合那些希望获得较为稳定的投资回报而不愿过多承担市场风险、对资金流动性要求不高的投资者。

第三节 货币型基金投资技巧

阿兰，24岁，工薪族，已经工作两年。她购物习惯用信用卡，钱包里放不了几张百元现金。虽然工资卡里积累了一定的活期储蓄，但她却愁找不到安全、方便的投资渠道。直到她听了同事让她购买货币基金的建议后，每个月工资一到账，她就通过银行将大部分工资申购成货币基金。尽情刷卡之后，只要在免息期结束的前两天赎回与负债金额相当的货币基金，便轻松赚出零花钱。虽然赚头不多，但每月收益是税后活期存款收益的近4倍，阿兰想想就觉得划算。尝到了甜头之后，阿兰除了定期将工资的部分用于购买货币基金外，她还将自己储蓄的大部分也购买了货币基金，一年下来，她的储蓄账户的财富较之前有了明显的增加。

阿兰通过投资货币基金，做到了消费理财两不误。

货币市场基金是开放式基金大家族中的一种，它是与股票基金和债券基金鼎足而立的基金品种。

货币市场基金（Money Market Fund，简称MMF），也称货币基金，是指投资于货币市场上短期（一年以内，平均期限120天）有价证券的一种投资基金。

货币型基金与其他基金相比有一个显著特点，即货币基金只有一种分红方式——红利转投资。货币市场基金每份单位始终保持在1元，超过1元后的收益会按时自动转化为基金份额，拥有多少基金份额即拥有多少资产。而其他开放式基金是份额固定不变、单位净值累加的，投资者只能依靠基金每年的分红来实现收益。

比如某投资者以100元投资于某货币型基金，可拥有100个基金单位，1年后，若投资报酬是8%，那么该投资者就多6个基金单位，总共106个基金单位，价值106元。

一、货币基金的产品特征

货币基金的主要特点是风险低、收益稳定，是一种较好的流动性理财工具。具体而言，它有如下特征。

1. 低风险、本金有保证

根据国外货币市场基金三十多年的运作经验，以及国内货币市场基金的运作结果得知，货币市场基金尚未有跌破面值的记录。

由于大多数货币市场基金主要投资于短期货币工具，如国库券、商业票据、银行定期存单、银行承兑汇票、企业债券等短期有价证券，因此这些投资品种就决定了货币市场基金在各类基金中风险是最低的，从而也就保证了投资者本金的安全。

所以，货币基金不会像股票和股票基金那样存在“亏本”风险（也许小概率事件发生，如金融风暴等风险除外）。

表6-5概括了货币基金与股票基金、债券基金的区别，具体内容如下。

表6-5 货币基金与股票基金、债券基金的区别

基金类型	投资对象	投资目标	优势
股票基金	以股票为主	获取较高资本利得	预期收益高
债券基金	各种债券	获取稳定收益	收益稳定
货币基金	货币市场工具	获取稳定收益	收益稳定、流动性强

2. 资金流动强、赎回方便

流动性可与活期存款相媲美。基金买卖方便，资金到账时间短，流动性很高，一般基金赎回两三天，资金就可以到账。

3. 投资成本低

买卖货币市场基金一般都免收手续费，认购费、申购费、赎回费都为0，管理费率也较低，1万元为0.25%～1%。

当股票或债券市场行情发生变化，投资者想改变投资方向时，可转向其他基金，而只需交纳很低的费用，大大节约了投资成本。

4. 每天计利、每月分红

大多数货币市场基金都采取每天计利的利息计算方法，并按月将累计利息发送到基金投资人的账户上，使投资人的收益定期“落袋为安”。

鉴于货币基金上述种种优点，因此，在欧美国家，购买货币基金早已成为家庭理财的习惯，故它享有“准储蓄”的美誉。

二、货币基金的投资风险

货币基金因具有较强的稳定性和较小的风险而受到投资者的欢迎。然而，货币市场基金毕竟属于开放式投资基金，低风险不等于没有风险。目前说来，货币市场基金存在以下四类风险，具体内容见表6-6。

表6-6 货币基金的投资风险

货币基金的投资风险	相关说明
道德风险	投资者选择好基金管理人之后，由于不能直接观测到基金管理人的具体操作动向，能观测到的只是一些变量。因此，基金管理人随时可能出现“道德风险”问题，即基金管理人在最大限度地增加自身效用时做出不利于基金投资人的行动

续表

信用风险	它是指企业在债务到期时无力还本付息而产生的风险。货币市场基金以货币市场上的短期工具为投资对象，其中各类不同工商企业发行的商业票据占其基金投资组合的一定份额。某些企业一旦遇到经营环境恶化、经营业绩不佳、净现金流锐减等情况时，发行商业票据的企业就会存在到期无法兑付的风险，进而影响到基金的收益
流动性风险	对投资者而言，它是指投资者自己将持有的金融工具转化为现金的能力，对货币市场基金而言，流动性是指基金经理人在面对赎回压力时，将其所持有的资产——投资组合在市场中变现的能力。一旦基金出现大幅缩水或投资者集中赎回投资的情况，而投资者手中所持流动性资产又不敷支出时，货币市场基金将可能延迟兑现投资者的赎回申请，这无疑提高了流动性的风险
经营风险	基金的收益、风险状况很大程度上取决于基金投资顾问的专业水平，因此基金公司的运营能力和基金管理团队专业水平的高低也在很大程度上决定着货币基金风险的大小

三、如何选择货币基金

货币基金是一种良好的储蓄替代品种。

曾经不为人熟知的货币基金，如今成了投资者非常关心的理财品种。2011年度，货币基金曾一枝独秀，成为弱市中的“基金王者”。

在选择货币基金时，收益性、资产规模、基金公告等都是选择货币基金时需要综合评价的参考指标。

1. 收益性

收益性方面，货币基金可用万份基金单位收益或最近七日年化收益率全面衡量基金业绩，两者俱佳的产品更值得看好。

（1）万份基金单位收益

货币基金的收益计算方法和一般开放式基金不同。基金公司通常每日公布当日每万份基金单位实现的收益金额，也就是万份基金单位收益。

“每万份基金单位收益”是以人民币计价收益的绝对数，其计算公式如下。

每万份基金单位收益=基金收益总额÷基金份额总数×10000

这个指标越高，表示投资人获得的真实收益就越高。

（2）七日年化收益率

七日年化收益率是最近七天年化收益率，由于是七日的移动平均据，该数字平滑了收益率的波动，使得每日异常波动变得滞后并看起来不甚显著。由基金万份收益我们可计算得到基金日年化收益率：基金日年化收益率=万份收益×365÷10000×100%，该数字才是投资者当日得到的收益率。

对于收益指标，我们要注意，七日年化收益率有一定参考价值，但它并不是说明未来的收益水平。因此，万份收益历史表现和未来预期应是投资者关注的第一要点。投资者要特别警惕收益的异常波动。

作为长期的投资者，建议关注阶段累计年收益率，这样能够通过一定的时间跨度，持续关注基金的稳定性和收益情况。

2. 资产规模

资产规模也是选择货币基金的重要指标，投资者到底该选择规模大的还是规模小的货币市场基金呢？我们应辩证地看待这一问题。

规模较大的货币基金具有节约固定交易费用、议价能力强等优势，相比小规模基金被增量资金摊薄浮盈或遭遇大比例赎回风险而言，受到的流动性冲击会小得多。在货币市场利率上升的环境下，规模适中的基金则有“船小好掉头”的便利，基金收益率上升速度会更快，因此，投资者可更多关注规模适中、操作能力强的货币市场基金。

3. 看基金公告

投资者在购买股票时，需要看上市公司的财务报告等相关资料。同样，在购买货币基金时，我们也需查阅一些相关的信息，尤其是定期的基金公告报告。

投资者应分析基金公告报告中披露的资产配置结构、期限控制、杠杆比例的使用、未来现金流分布结构等多方面的状况，这些信息能反映基金在安全性、流动性和未来收益性等方面的状况。

4. 看加息收益

目前，市场上普遍认为，加息在整体上对货币市场基金有利，但对新发行的货币市场基金更有利。

对于新发行的货币市场基金，由于在加息后可将全部资产配置在更高的收益品种里，不存在调仓或被动等待过程，因此加息所带来的收益提升将更为直接。

四、货币基金投资的操作技巧

陈女士有一笔闲散资金，看到银行正在热销货币基金，于是便用这笔资金购买了一只新的货币基金。可一年多下来，这只货币基金给她带来的实际收益不足3%，低于一年定期储蓄的收益。这令她感到困惑：是自己选的货币基金业绩不好，还是这笔资金就不该投资货币基金？

近年来，货币基金的数量和规模不断扩大，它以其收益等于或高于一年定期储蓄，而灵活性又接近活期的独特优势吸引了广大投资者。但货币基金并非和储蓄一样随便一买就万事大吉，投资者在实际操作中可以参考以下4点建议。

1. 买旧不买新

对于这一点，我们从如下三个方面做出解释：其一，由于货币基金的认购、申购和赎回均没有任何手续费，所以从手续费的角度来说，买新货币基金不占任何优势。其二，货币基金经过一段时间的运作，老基金的业绩已经明朗化了，可新发行的货币基金能否取得良好业绩却需要时间来检验。其三，新货币基金一般有一定时间的封闭期，封闭期内无法赎回，灵活性自然会受到限制。因此，购买货币基金时应当优先考虑老基金。

2. 买高不买低

货币基金品种众多，而各货币基金的收益情况却有所不同，这就需要投资者对货币基金进行综合衡量，优中选优。因此建议投资者可以通过查询所有货币基金的收益率排行榜，或者查询各货币基金的历史收益情况，尽量选择年化收益率一直排在前列的高收益货币基金。

3. 就近不就远

购买货币基金要考虑时间成本，应按照就近的原则购买。而通过网上进行操作，无疑是很便捷的一种方式，因为坐在家里便可以轻松申购和赎回货币基金。

4. 就短不就长

货币基金是一种短期的投资工具，比较适合打理活期资金、短期资金或一时难以确定用途的临时资金。对于一年以上的中长期不动资金，则应选择国债、人民币理财、股票型基金、配置型基金、债券型基金等收益更高的理财产品，以提高资金效率，实现收益最大化。

由于货币基金的收益高于一年期定期存款的利息，而且没有利息税，随时可以赎回，因而非常适合追求低风险、高流动性、稳定收益的单位和个人来投资。专业投资者也可以将货币市场基金作为投资组合的类属资产配置，达到优化组合或规避风险的目的。

五、货币基金的“T+0”赎回模式

就收益率而言，它比活期存款高出几倍，就流动性而言，赎回当天资金就能到账……如果有了这样的理财产品，您还会选择将闲置的资金以活期储蓄的方式留存或者让资金“躺”在股票账户上“睡大觉”吗？

随着业务的升级，少数货币型基金通过特殊的交易渠道，可以实现“T+0”式的赎回。所谓“货币基金T+0”是指对货币基金递交赎回申请后，资金当日甚至实时到账实现，这种模式的开通，意味着收益媲美定期存款的货币基金将获得和活期存款一样的流动性。

以海富通货币基金为例，基民可以通过公司网上直销平台，选择任意时点发起100～50000份额以内的“T+0”赎回申请，并享受到申请赎回日以前的基金投资收益，而赎回资金则将在申请当日即抵达指定银行账户，有效地缩短资金在途时间，最大程度地提升了投资者的资金使用效率。

自南方、汇添富、国泰等首批基金公司推出网上直销货币基金“T+0”实时赎回业务后，引起了市场的极大关注，越来越多的投资者加入了这一阵营。

“T+0”模式确实为基民朋友们带来了更多的便利，但我们仍需冷静对待。

1. 明确各基金公司的规则

虽说一些货币基金都采用“T+0”的赎回模式，但各基金公司的货币基金“T+0”业务在收益水平、交易时间、交易上限、支持银行卡和手续费设置等方面都存在着不少的差异。如就交易上限这一方面而言，华夏基金就曾规定：单日单笔赎回上限为5万元，汇添富、嘉实、易方达、鹏华以及富国基金规定单日赎回限额均为10万元。为了便于更好地投资，基民朋友们需事先了解其中的规则。

2. 明确实施的对象

目前，虽然有少数货币基金可以办理此项业务，但并非所有的货币型基金在所有的交易渠道都可以办理“T+0”赎回。

另外，也有部分市场人士认为，现有“T+0”货币基金产品也存在一些不足。首先，可享受“T+0”的客户都必须是基金公司的直销客户；其次，有银行卡使用的限制，比如汇添富可实现“T+0”货币基金就仅限于农行卡等。

六、关于货币基金的偏离度

货币市场基金偏离度，是指货币市场基金“摊余成本法”与“影子定价法”两种定价方法下基金资产净值的偏离程度。

基金偏离度是货币市场基金特有的概念。要理解偏离度，就要从货币市场基金的两种资产净值计价方法来介绍。

我们把某一计价日货币市场基金按摊余成本法计算得到的资产净值表示Na，按影子定价法计算得到的资产净值表示Nb，则该日基金的偏离度D可这样来表示，具体内容如下。

$$D=|Nb-Na|\div Na\times 100\%$$

偏离度这一指标是衡量货币市场基金风险的重要依据。

当影子定价所确定的基金资产净值低于摊余成本法计算的基金资产净值时，就会出现负偏离，这是由于市场收益率上升引起的货币市场基金投资组合券种的价格下降所致。负偏离意味着基金资产组合的实际价值低于账面价值，货币基金组合中存在浮亏。反之，当影子定价所确定的基金资产净值高于摊余成本法计算的基金资产净值时，就会出现正偏离。正偏离意味着基金资产组合的账面价值被低估了，在一定程度上说明了基金持有的投资品种市场价格上涨，为投资者获取了更多的收益。

作为基民的基金投资品种，货币基金的正偏离好于负偏离，但不能抱有“正偏离是越大越多越好”的心态，投资者也必须注意流动性风险。而对那些偏离度较大，偏离次数较多的基金，投资者应该仔细阅读其投资组合，或者向基金公司了解其偏离度较高和次数较多的原因，并以此来判断风险。

七、购买货币基金常见问题解答

下面列举了投资者关心的5个问题，并分别给出了解答，以便投资者更好地做出投资决策。

（1）提前赎回货币市场基金，收益率会变低吗？

答：不会。货币市场基金并没有明确的投资时间限制，因此它不会像银行存款那样，出现提前支取收益降低的现象。

可以这么说，基民提前赎回货币市场基金，并不会减少收益。基民可以根据需要随时办理赎回业务，这也是货币基金区别于其他类型基金的一大优势。

（2）持有货币基金多长时间较为合适？

答：货币基金没有明确的投资时间限制，具体持有多长时间完全取决于个人的需要和收益率的变化，可以持有几年，也可以只持有几天。

（3）货币市场基金的价格是否像股票一样每天都在波动？

答：不是。货币市场基金的价格永远固定为1元，无论是申购或赎回时均按1元计算。

（4）货币市场基金不收取申购和赎回费用，那么基金公司靠什么赚钱？

答：基金公司依靠对所管理的资产收取管理费获得收入，目前货币市场基金的管理费按基金资产净值的0.33%年费率计提，这部分费用基金公司按日计提、按月支取。

（5）购买货币市场基金后，银行加息该怎么办？

答：当银行加息后，货币市场基金的收益率也会随之自动升高，投资者不需要办理任何手续。

第七章

保本型、债券混合型、创新型基金投资技巧

耐心等待确定信号的出现，避免高风险的模糊不清阶段的盲目投资！

——伯尼斯·科恩

第一节 保本型基金投资技巧

保本基金一般是将大部分资金（如80％）投资于定息工具（如货币市场、债券），这部分资金主要承担保本作用；而将其他少部分资金（如20％）投资于高风险高收益的股票、期货、期权及其他衍生工具，以期获取较高的收益率，即使风险资产全部损失，投资于债券的资金仍可满足投资者的保本要求。

在国际上，保本基金可分为保证基金（Capital Guaranteed）和护本基金（Capital Protected）两种类型，其中护本基金不需要第三方提供担保。一般来说，保本基金将大部分资产投资于固定收入债券，以使基金期限届满时支付投资者的本金，其余15％～20％的资产投资于股票等工具来提高回报潜力。

保本基金于20世纪80年代中期起源于美国。其核心是投资组合保险技术。由伯克利大学金融学教授兰德（Hayne E.Leland）和鲁宾斯坦（Mark Rubinstein）创始的这项技术自1983年首次被应用于保本基金，在80年代中期得到蓬勃发展。

经过三十多年的发展，无论是在国内还是海外市场，保本基金均受到了广大投资者的追捧。

一、保本基金的投资期

保本基金的产品结构决定了其投资期比较长，一般至少要3年，国外也有8～10年的长期保本基金。目前国内的保本基金都设置了3年的保本周期。投资者应在满足自身短期流动性需求的前提下，使用保本基金做长期投资工具或避险工具。

二、适合投资保本基金的人群

保本基金主要适合风险承受能力较弱，希望投资本金安全，同时又想在市场上获利的投资者进行投资。

需要说明的是，保本型基金在保本周期内，投资者可以拿回原始投入本金，但若提前赎回，将不享受优待。

在市场波动较大或市场整体低迷的情况之下，保本基金风险承受能力较低，并且为以中长线投资为目标的投资者提供了一种低风险同时又有升值潜力的投资工具。

总而言之，保本基金属于低风险、收益较稳定的基金品种，是行情低迷时较好的避险产品，具有保值、增值的功能，从长期来看收益明显高于银行定期储蓄，具有良好的储蓄替代功能。

三、如何挑选保本基金

由于基民风险规避意识的增强，对保本型基金表现出了更大的偏好。需要注意的是，保本型基金也并不是完全没有风险的，以下5点是基民在选择保本型基金时应该注意的。

1．根据风险能力确定保本额度或比例

保本型基金的特点就是能够以一个固定的比例保证投资者的本金安全。这个固定的比率就是保本比率。根据保本比率的不同，基民在投资时，所面临的风险和收益也就不同。

例如，当基金公司运作一个规模为10亿元、保本比率为100%、保本期为3

年的保本型基金时，会在期初投资某些固定收益产品，如投资一种票面利率为5%（为了便于计算，我们取整数）的三年期国债，基金公司为了保证本金百分之百的安全，会将10亿中的95238095元用于购买这种国债，其具体计算公式如下。

10亿×100%÷（1+5%）≈95238095（元）

这样，三年后，可收回本金与利息共10亿元，剩余的4761905元资金可用来购买股票、期货等收益波动比较大的证券品种，赚取额外的利润。

如果投资者希望获利90%的保障，按照上述计算方法，基金公司则需用85714286元资金购买国债，剩余的资金购买其他证券品种。

一般来说，保本比率越高，基金投资收益波动较大的证券产品的资金就越少，而投资的风险以及投资的预期收益也就越低。所以，基民应根据自己的风险承受能力，合理确定保本额度或比率。

2. 关注保本更全面的产品

目前，市场上的保本基金其实保本范围并不一致，如有些是对认购净金额实行保本，有些则除了认购净金额外还对认购费用实行保本，一般来说，后者更值得关注。如汇添富保本基金不仅为认购并持有3年到期的投资者提供了本金保证，也提供了认购费的保本。

3. 根据资金状况投资

因为保本型基金有固定的保本周期，所以基民用于投资保本型基金的资金应该是近三五年不会动用的资金。如果基民的资金流动性比较强，则需考虑是否选择其他基金产品来投资。

4. 关注投资能力强的基金公司

保本型基金的超额收益主要来自于风险投资部分的比例及运作收益，所以，基民应选择综合投资实力强、选股能力强的基金公司旗下的产品。

5. 挑选良好资质的担保人和基金经理

由具有良好资质的担保人对投资者的保本金额进行担保，能在最大程度上保障投资者的利益，因此，基民需要考察所选择保本型基金的担保人的资质。除此之外，基民还需要选择业绩好、能力强、口碑好的基金经理。

四、保本型基金“保本”有前提

已经退休的王女士听说保本基金是一种风险较低的理财产品，于是，她买了一种保本型基金，可还未到期，她就提前赎回了，待赎回时却发现自己投资的保本基金居然是处于亏损的状态。这是怎么回事呢？

由于股市震荡加剧，很多人不敢再买股票及股票型基金，而是转向保本型基金。能保障基民所投本金的安全是保本型基金最大的卖点，因而受到了广大基民的追捧。然而，仔细阅读一些保本型基金的契约后不难发现，其并非无条件地承担本金保障，即使可以享受保本条款，投资者也并非就能获得百分之百的保障。

1. 早出晚进不保本

基民只有在认购期购买并持有至到期，也就是全程参与，才能享有当期的保本。如果基民朋友在保本周期到期前因急需资金而提前赎回，则只能按当时净值赎回手中所持有的基金份额，如有亏损则需自己承担亏损部分。

另外，目前多数的保本基金，只有在募集期认购才能保本，而在基金成立之后申购保本基金，即使持有至到期也不能享有基金的保本条款。如国泰金鹿保本基金（二期）就强调，只有在认购期内购买并持有至到期，才可以享受到保本条款。而在基金成立之后申购保本基金或者并未持有至到期者并不享受基金合同中的保本条款。

因此，基民在购买保本型基金前，一定要算好自己的资金运用的时间账，看看自己什么时间需要用钱，根据自己的实际资金需求来投资。保本仅限于投资人持有到期的基金，如果提前赎回，基金公司是不承担任何保本义务的。可以这么说，一旦提前赎回，就可能遭遇较大的本金损失风险。

2. 保本不意味着保值

虽然保本基金可以保证投资者在持有至到期后至少得到本金或净额，但投资者也不能忘记利率和CPI的存在。如假设当年的通货膨胀率为4.8%，按此通货膨胀水平来说，保本基金在不亏损的同时，能获得约5%的收益率，才算做到保值。

3. 出现收益率波动不要惊慌

各保本基金一般都能够达到在约定保本期限内的保本效果，但无法保证在任意投资期间内均能保本。当风险资产价格出现大幅下跌时，保本基金的收益率也可能为负值。所以，中间的波动过程不代表结果，这点基民朋友要明白，不要一看到净值低于成本就惊慌失措。

五、保本基金的投资策略

结合保本基金的特点可知在利率水平低、股票市场低迷的情况下投资于保本基金较为合适。

1. 存款利率低时

很多基民都希望在本金稳定的情况下还能获得一定的收益，而当银行存款利率较低时，人们便想寻找其他的预期收益更高的投资替代方式，因而保本基金便是比较合适的理财产品之一。

2. 股市低迷时

在股市低迷时，直接投资股市的风险对基民来讲可能过大，而此时保本型基金则会表现出出色的稳定性，因而，保本基金就成为这种市场环境之下十分受投资者欢迎的投资产品。

需要注意的是，在股市牛市行情明显，经济过热导致通货膨胀的情况下，投资保本基金会有一定的风险，此时应将保本基金转换为普通开放式基金或直接投资股票市场，则更有增值潜力。

六、保本基金的到期处理

保本基金具有一定的保本期限，在此期限内，基金份额持有人可享受保本优待。同时，当保本期限结束时，保本优待也就随之结束。此时，基民需做出下一个投资抉择，一般而言，基金份额持有人可以做出如下3种选择。

1. 转入下一个保本期

保本基金到期，基民可以根据修改后的基金合同转入下一个保本周期，继续投资，或者可以投资新周期的保本基金。

如南方保本混合基金就规定：份额持有人应将其持有的所有基金份额选择三种处理方式（转入下一个保本期、赎回基金份额、转投其他基金）之一。保本期到期后，基金份额持有人未对到期操作方式做出选择的，则基金份额持有人默认方式为转入下一个保本期。

2. 赎回基金份额

保本基金投资周期到期，基民可以选择赎回基金份额，以获取投资收益。仍以南方保本混合基金为例，该基金规定，赎回采取“未知价”原则，即以申请当日收市后的基金份额净值为基准进行计算。

3. 转投其他基金

保本基金到期后，基民可以根据实际情况和需要转投其他类型的基金，或将部分保本基金进行转换。如果是该基金公司旗下的基金产品，则无须支付任何转换费用。

七、保本型基金的投资风险

保本基金的投资风险主要来自以下3个方面。

（1）市场短期内突然巨幅下跌，且下跌过程中流动性极度丧失，以致不及时变现就会击穿净值保本线。

（2）投资标的市场处于频繁的剧烈波动状态，引发大量的赎回，基金不得不频繁地调整风险资产与固定收益资产间的比例，导致运作成本增加，影响了保本目标的实现。

（3）基金管理人风险监控与内控管理不严，未能严格执行策略，导致基金投资到期不能保本。从整体制度安排而言，保本基金投资风险的防范通过为保本基金引入担保机构可得到有效增强。

八、保本型基金的投资风险控制

保本型基金投资的风险可以通过精细的测算和严密的制度管理得到有效的控制，具体内容如下。

1. 保本基金设定了有效的平仓线

若股票投资部分能以一定范围内的冲击成本及时平仓，则不会出现赔付。同时，考虑到如果连续出现大盘无流动性跌幅的情况，保本基金在日常运作的时候会有专门人员每日进行测算，保留出足够的安全空间以防范此类危险。在极端情况下，基金公司会以收取的管理费进行贴补。

2. 赎回环节的控制

基金管理公司可通过较高的赎回费率（提前赎回的解约罚金）来控制投资者的资金流动频率的进出，其中一部分将会返回基金资产来弥补冲击成本。在市场波动不大的情况下，费率的调控力度将相对有效；但在市场出现异常波动而导致基民心理恐慌的情况下，费率调控的力度将大大降低。因此，有的基金公司还为其旗下的保本基金产品设置了缓冲区，超过缓冲区的赎回将引发动态平衡的运作，从而对投资比例做出有效微调，确保保本目标的实现。

另外，风险监控管理的制度安排和执行是杜绝保本基金运作风险的核心部分。风险控制一般主要由风险监控人员完成。多重监控防火墙的安全设计将有效保证保本投资机制的顺利运行。

第二节 混合型基金投资技巧

“唉，近来股市走势不好，持有的股票型基金也跟着受到很大的影响，这不，手中两只股票型基金都持有快一年了，至今别说赚钱了，还亏损近半呢。”最近，看着周围一些买了债券型基金的朋友都得到了可观的分红，对比自己的投资遭遇，一位基民向周围的朋友这样抱怨道。

面对这位基民的情况，究竟是继续加码股票型基金，还是换基？有没有更好的投资方式？

股市涨跌是常态，那么，投资者如何在震荡市中获得稳健收益呢？混合型基金是个不错的选择。

混合型基金是指投资于股票、债券以及货币市场工具的基金，且不符合股票型基金（股票投资比例不低于总资产的60%）和债券型基金（债券投资比例不低于总资产的80%）的分类标准。它设计的目的是让投资者通过选择一款基金品种就能实现投资的多元化，而无须去分别购买风格不同的股票型基金、债券型基金和货币市场基金。

一、投资混合型基金的优势

面对并不明朗的投资环境，投资混合型基金其实是一个很不错的选择。主要有以下两方面的原因。

其一，能让投资者享受到专业的理财服务。基金管理人拥有专业的投资团队和强大的信息网络，他们能够更好地对证券市场进行全方位的动态跟踪与分析。因此，投资者将资金交给基金管理人管理，可以享受到专业化的投资管理服务。

其二，组合投资，分散风险。混合基金通常会购买几十种甚至上百种股票，有了这一基础，一旦某些股票下跌，其造成的损失可以用其他股票上涨的盈利来弥补。

二、挑选混合型基金的4点建议

混合型基金会同时使用激进和保守的投资策略，其回报和风险要低于股票型基金，高于债券和货币市场基金，是一种风险适中的理财产品。在投资混合型基金时，如下4点建议可供参考。

1. 了解混合型基金的资产配置比例

根据股票、债券投资比例及投资策略的不同，混合型基金分为偏股型、偏债型、股债平衡型、灵活配置型等多种类型，其中灵活配置型基金可根据市场情况更加灵活地改变资产配置比例，得以实现进可攻退可守的特点。

2. 看基金的盈利能力

优秀的基金产品不仅要有收益，更要有获得超越市场平均水准的超额收益，因此，基金的阶段收益率和超额收益率两项指标便是我们关注的重点。

基金的阶段收益率反映了基金在这一阶段的收益情况，是基金业绩的最直接体现，但这个业绩受很多短期因素影响，带有偶然成分。为了更全面地判断基金的盈利能力，评价收益率还需要考虑基金获得超越市场平均水准的超额收益率，常用詹森指数等作为衡量指标。

詹森指数衡量基金获得超越市场平均水准的超额收益能力，可以作为阶段收益率的补充。如果某一投资组合的詹森指数显著大于零，则表示其业绩优于市场基准组合。而詹森指数小于0，则表明该基金的绩效表现不尽如人意。

3. 看基金的抗风险能力

投资者选择混合型基金时，还应关注基金的抗风险能力，这主要是通过该基金的亏损频率和平均亏损幅度来比较。不同的亏损频率和亏损幅度在一定程度上反映了基金经理的操作风格，只有将亏损频率和亏损幅度较好平衡的基金才能具有较强的抗风险能力，帮助投资者实现长期持续的投资回报。

4. 看选股择时能力

基金经理是否能够通过主动投资管理实现基金资产增值是影响混合型基金的一个重要因素，因而考察混合型基金的选股能力就显得尤为重要。

大体说来，用于评估基金经理选股能力的常用指标有组合平均市盈率、组合平均市净率、组合平均净资产收益率等，只有持仓组合的组合平均市盈率、组合平均市净率、组合平均净资产收益率等指标处于较合理的水平，基金资产才有较好的增值前景。

以上所述就是选择合适的混合型基金的投资技巧，便于投资者在操作中锁定适合自己的混合型基金。

混合型基金在资产配置策略设计方面的最大特点是可通过灵活的资产配置，在规避市场波动风险的同时优化资产组合的收益水平。投资者需要灵活运用相关技巧选出合适的基金，并根据多元化原则构建合理的基金组合，实现资产的长期稳健增值。

第三节 创新型基金的投资技巧

基金业发展创新不断，2009年被誉为“指数基金年”，2010年则被贴上了“分级基金年”的标签。随着基金产品同质化的日益严重，很多基金公司在发行新产品时纷纷将目标指向创新产品，其中之一便是创新型基金。

创新型基金特指在基金投资标的、收益分配、治理结构、费率结构或管理模式等方面有创新的基金。创新型基金不是一个有严格定义的分类。不同的创新型基金可能有不同的业务办理方式。

国内首只创新型基金——国投瑞银瑞福分级基金正式开始募集。国投瑞银瑞福基金是存续期为5年的股票型基金，总共发行60亿份。该基金通过对基金收益分配的安排，将基金份额分成预期收益与风险不同的两个级别，即瑞福优先和瑞福进取。两个级别的份额将通过不同的渠道公开募集，募集的比例各为30亿份，募集到账后基金将合并运作。

创新型封闭式基金之所以被称为“创新”，最重要的是在利润分配上做文章，也就是其中一个份额具备杠杆效应。

一、了解创新型基金的特点

一些基金公司都推出了分级杠杆基金，我们以此为例来说明创新型基金的特点。

分级杠杆基金其创新主要集中在通过分级和收益再分配，形成不同的风险收益特征。

如果把收益比作一个大蛋糕，分级好比采用了不同的“切法”，使蛋糕分得更为巧妙，满足不同人的口味。从市面上已经出现的一些杠杆产品来看，其场内的分级方式使得一只基金同时具备了两种收益特征，保守类投资者有望获得稳健回报；激进类投资者则有可能取得杠杆收益。但需要注意的是，分级本身并不会增加基金收益的“总蛋糕”。

以瑞福分级来说，该基金旗下两份份额瑞福优先和瑞福进取按照1:1来配比，在收益分配上，将优先满足瑞福优先高出1年期银行定期存款利率3%的基准收益。之后的超额收益部分，每份瑞福优先与每份瑞福进取参与分配的比例为1:9。

与普通的开放式基金相比，分级基金在保持基金产品理财功能、不增加市场整体风险的前提下，结合了产品的结构化和交易性，为投资者新增了资产配置和交易的工具。

二、影响投资收益的因素

影响创新型基金投资的最重要的因素有两个，分别是杆杠效应与分配方式。

1. 杆杠效应

作为一种具有杠杆效应的基金品种，分级基金在市场阶段性反弹行情中其杠杆效应会凸显。当然不同的分级基金在收益分配方式和份额分配上是不同的，杠杆既具有放大效应也具有缩小效应。

2. 分配方式

目前创新型基金的分配方式主要有3种，即激进份额以一定代价向保守份额“借出”杠杆效应的方式、双方互为杠杆效应的方式，以及单个份额保本加一定净值下杠杆效应分配的方式。

基民在投资创新型基金时，应理性地认识到这样一点，即天下没有免费的午餐。创新型基金只是在利润分配上做文章，而不会凭空创造出利润，更高的风险就意味着更高收益的可能。

三、如何选择创新型基金

创新型基金既融合了封闭式和开放式基金的优势，又克服了一些固有的缺陷，因此它一经问市就备受瞩目。那么，面对不断涌现的创新型基金产品，作为一名普通的基民，我们应该如何选择呢？

无论是选购传统的封闭式基金或开放式基金，还是选购创新型基金，都应当从以下4个方面考虑：一是看基金以往的业绩，包括其收益和风险特点；二是基金的投资方向和资产的配置状况；三是基金经理的管理水平和公司的整体运营状况；四是结合基金的收益和风险特点寻找适合自己投资风格和偏好的基金。

虽然创新型基金具有其独特的优势，但是投资者在购买时应做好充分的心理准备。因为创新型基金的整体回报率比传统的基金要高，因此购买该种基金的风险也更大。从某种角度上说，创新型基金更适合有一定投资经验、准备进行中长期投资的投资者，对于普通投资者不一定适合，投资者应在对欲购买的基金进行全面考察后再做打算。

第八章 指数型、ETF、LOF、QDII基金投资技巧

凡事总有盛极而衰的时候，大好之后便是大坏。重要的是认清趋势转变不可避免。要点在于找出转折点。

——乔治·索罗斯

第一节 指数型基金投资技巧

不少投资者都有这样的经历，当前市场呈现明显的普涨行情，可自己投资的基金却并没有获得相应的盈利幅度，这就是我们常说的“赚了指数不赚钱”。倘若基民买的是指数型基金，就不会出现这种烦恼了。

何谓指数基金？指数基金（Index Funds），又称指数型基金，就是指按照某种指数构成的标准购买该指数包含的全部或者一部分证券的基金，其目的在于达到与该指数同样的收益水平，实现与市场同步成长。

投资者投资指数基金，实际上就是通过购买一部分或全部的某指数所包含的股票，从而构建起指数基金的投资组合，使该组合的变动趋势与所选指数相一致，以期达到与所选指数基本相同的收益率。

指数基金是成熟的证券市场上不可缺少的一种基金，在西方发达国家，它与股票指数期货、指数期权、指数权证、指数存款和指数票据等其他指数产品一样，日益受到交易所、证券公司、信托公司等各类机构的青睐。并且，有着“股神”之称的巴菲特也很钟爱于指数型基金。

在一次会议上，有人向巴菲特提了这样一个问题：“假设你只有三十来岁，没有什么经济来源，只能靠一份全日制的工作来谋生，根本没有很多时间研究分析投资，但是你已经有笔储蓄足够维持一年半的生活开支，那么你攒的第一个

100万元将会如何投资？请告诉我们具体投资的资产种类和配置比例。”

巴菲特一笑回答：“我会把所有的钱都投资到一个低成本的追踪标准普尔500指数的指数基金，然后继续努力工作。”

指数基金作为一种重要的投资工具，它起源于美国，并且主要在美国获得发展。世界上第一只指数基金于1971年出现于美国，是威弗银行向机构投资者推出的指数基金产品，进入20世纪80年代以后，美国股市日渐繁荣，指数基金开始逐渐吸引一部分投资者的注意。直到20世纪90年代以后，指数基金才真正获得了巨大发展。如今，美国证券市场上已经有超过400种指数型基金，而且每年还在以很快的速度增长。

一、投资指数基金的四大优点

投资大师沃伦·巴菲特曾在其致股东的信中谈及指数基金。他说，对大部分的机构和个人投资者而言，投资于费用低廉的指数基金是拥有普通股的最佳方式。

为何股神也钟爱于指数型基金呢？这是因为指数型基金与其他股票型基金相比，具有如下四个特点。

1. 购买指数基金的四大理由

相比其他基金，指数基金的特点主要表现在以下四个方面。

（1）费用低廉

由于采用被动投资，基金管理费一般较低。由于指数基金采取持有策略，不经常换股，交易佣金等费用要远远低于积极管理型基金，这个差异有时达到了1%～3%，虽然从绝对额上看这是一个很小的数字，但是由于复利效应的存在，在一个较长的时期里累积的结果将对基金收益产生巨大影响。

（2）操作简单

从理论上来讲，指数基金的运作方法简单，只要根据每一种证券在指数中所占的比例购买相应比例的证券，长期持有即可。

（3）业绩透明度高

投资人看到指数基金跟踪的目标指数，如上证50指数等的上涨幅度，就会知道自己投资的指数基金净值的大致上升幅度。

（4）分散和防范风险

在规避风险方面，指数基金具有如下两方面的优势：一方面，由于指数基金广泛地分散投资，任何单个股票的波动都不会对指数基金的整体表现构成影响，从而分散了风险；另一方面，由于指数基金所盯住的指数一般都具有较长的历史可以追踪，因此，在一定程度上指数基金的风险是可以预测的。

二、指数基金的类别

依据不同的划分标准，可将指数型基金划分为不同的类别，具体内容见表8-1。

表8-1 指数基金的类别

划分依据	划分的类别
根据指数基金本身的投资操作方式	1．完全被动跟踪指数的指数基金，它是完全意义上的指数基金
	2．增强型的指数基金，这类基金在跟踪指数的同时加入了积极投资的成分以期战胜市场，在提高收益预期的同时，也在一定程度上增加了风险与成本
根据基金所跟踪的股价指数的特点	1．综合型的指数基金。综合型指数基金是目前市场中见得最多、也最为典型的指数基金，它们以市场中某一反映全市场状况的综合性指数作为跟踪标的，如上证指数、深证成指、上证180指数、深证100指数以及国际上著名的道琼斯工业平均数、标准普尔指数等，都属于综合型的指数。由于这些综合型的指数反映的是整个市场的平均收益，不仅具有非常强的市场代表性，也充分分散了个股的风险，所以这类综合型指数基金也就成了指数基金的主流品种

续表

根据基金所跟踪的股价指数的特点	2. 按照板块分类的局部型指数基金。这类指数基金以反映市场中某一板块的指数作为跟踪对象，其中最常见的是按上市公司的规模分类的指数，以及它所对应的基金，也就是大盘股指数基金、中盘股指数基金和小盘股指数基金。另外还有一种较为常见的是按投资目标进行区分的指数基金：按投资目标的风格类型进行划分，可以将股票分为价值型或成长型股票，于是也就有了价值型指数基金与成长型指数基金
	3. 行业指数基金。某些股价指数可以是描述某一特定行业上市公司股价的变化情况，由此就产生了各种类型的行业指数，以这些行业指数作为跟踪目标的指数基金就是行业指数基金
	4. 混合型指数基金。这类基金是上述几种类型的组合，也就是将上述的行业或板块进行复合后作为标的指数的指数基金

三、精选指数基金的5个建议

实践证明，在大盘指数上升的趋势中，指数型基金是一种良好的投资工具。如在2006年、2007年的牛市，70%以上主动管理的股票型基金是跑输指数的。

那么，在众多的指数型基金中，作为指数基金投资者，我们该如何挑选适合自己的投资产品呢？下面给出了5点建议。

1. 看基金费用

投资的目的是为了获取收益，而在其中，尽量降低投资成本也是不容忽视的一点。因而，基民在选择指数型基金时，基金费用的高低也是其衡量因素之一。

相对于主动管理的基金，指数基金每年可以节省1%左右的管理成本。如果每年可以节省1%的投资费用，就代表额外赚取了1%的投资收益，在长期投资复利的威力下，投资结果会有极大的不同。

目前我国的指数基金费率也存在一定差异。其原因多种多样，总体上看，ETF和指数LOF的费率水平较低。投资者在选择指数基金前，应该事先阅读基金合同及招募说明书以了解产品特性和费率水平。

需要特别说明的是，较低的费用固然重要，但前提应是建立在指数型基金良好收益的基础之上。

2. 看跟踪指数的误差

提起“跟踪”一词，很容易让人联想到法国科幻小说家凡尔纳的著名作品——《八十天环游地球》。

在作品中，主人公福格的这次旅行其实是和侦探菲克斯的被动旅行同时平行展开的两条叙事线索。书中的这位侦探错把福格当成一名盗贼，每当他就要将对方“捉拿归案”时，却又让对方“逃之夭夭”，结果无辜地跟着福格绕着我们可爱的地球跑了一圈。主人公福格的生活像时钟一样准确，按时吃饭、睡觉，甚至吃饭都固定在同一个餐厅的同一个位子……

这些情节、这些人物，总是让人忍俊不禁。无怪乎这部作品受到广大读者的喜爱。被动指数型基金，就如同书中的这位无辜的侦探，要时时刻刻来忠实地跟踪某一指数的变化，不做任何调整。那么，对于被动跟踪指数的指数型基金来说，用什么样的指标来衡量它比较合适呢？

跟踪误差是评估一只指数基金的一个重要衡量指标。因为指数型基金是被动地复制指数，因此跟踪误差越小，表明基金复制指数的能力越强，基金管理人的管理水平越高；反之，则越低。

跟踪误差是基金净值收益率与基准指数收益率之间差值的标准差。这个差额越小，就越代表指数基金与标的指数有更好的拟合度。对于普通指数基金而言，行业内比较认可的正常跟踪误差值一般在2%～3%之间。

投资者可以通过查阅基金历史数据，了解基金以前的拟合表现。

影响指数基金跟踪误差的因素主要包括基金仓位的影响、标的指数成分股的变化、增强型指数化组合、计算尾差及基金资产的费用支出等。总的来说，提高跟踪标的指数的精度，降低跟踪误差是指数投资最为核心的技术，也是指数基金这一投资工具能够用于投资者大类资产配置的前提。

3. 看基金公司实力

选择基金，其中很重要的一点便是考察基金公司的实力，选择指数型基金也不例外。

指数型基金属于被动式投资，这一特点决定了基金公司无须像管理股票型基金那样进行复杂地选股、择时等操作。虽说如此，但这并不意味着基民无须对基金公司进行选择。

由此不难看出，即便市场上有多只跟踪同一标的的指数型基金，可是在一定周期内，其净值增长率也存在差异。而这便与基金公司的实力有关。

4. 关注标的指数

指数型基金的选择，除了要考虑上面3个因素外，还需关注指数型基金的标的指数。

目前市场上指数型基金所跟踪的标的指数种类繁多，下面我们选择了5类常见的标的指数进行简单地介绍。

（1）沪深300指数

沪深300指数，简称沪深300，是沪深证券交易所于2005年4月8日联合发布的反映A股市场整体走势的指数，它从上海和深圳证券市场中选取300只A股作为样本，以2004年12月31日为基期，基点为1000点。

由于沪深300指数覆盖了沪深两个证券市场，因此具有很好的总体市场代表性和可投资性。而对投资者来说，选择投资沪深300指数基金，相当于将投资目标定位于分享沪深两市的平均收益上。

（2）上证50指数

上证50指数是由上海证券交易所编制的，挑选上海证券市场中规模大、流动性好的最具代表性的50只股票组成样本股。上证50指数简称为上证50，基日为2003年12月31日，基点为1000点。

投资者在选择投资上证50指数基金时，就等于认可了上证50指数成分股中的优质大盘企业的投资价值。

（3）上证180指数

上证180指数是上海证券交易所对原上证30指数进行调整并更名后的产物。上证180指数不但包括上证50指数中的大盘股、蓝筹股，而且还包括沪市很多中小规模的股票。

如果投资者更看好沪市的整体收益状况，希望寻求沪市的平均收益水平，那么选择上证180指数是较为适合的。据统计，华安上证180ETF自2006年4月成立以来收益率高达455%。

（4）深证100指数

深证100指数是由深圳证券交易所委托深圳证券信息公司编制的，它包含了深市A股流通市值最大、成交最活跃的100只成分股的指数，其成分股代表了深圳A股市场的核心优质资产，成长性较强。投资者投资以深证100指数为标的的指数基金，大多是因为看好这些上市公司的高成长性与盈利能力。

（5）中小板指数

中小板指数是综合反映A股市场中小企业上市公司的整体状况的指数。由于中小板指数样本股企业的规模不大、成长性强，因此，它也获得了不少投资者的青睐。如果投资者对中小企业的成长性普遍看好，那么投资中小板指数是较为合适的选择。

5. 选分红回报能力强的基金

指数不可能总上涨，牛短熊长是证券市场发展的规律。通过在证券市场高位兑现盈利进行分红，指数基金就能有效减少熊市阶段所遭受的损失。因而，对于那种落袋为安的投资者而言，一只分红记录良好的指数基金是不错的投资选择。

综上所述，对投资者而言，指数基金提供的投资方式最为方便简单，是一种优良的长期投资工具。

四、评价指数基金特有的指标

除了证券投资基金常用的技术指标外，评价指数基金业绩表现优劣还有些独特的技术指标，其主要有跟踪偏离度、跟踪误差和信息比率三项。

1. 跟踪偏离度

投资者评价指数基金的表现，主要看基金收益与标的指数收益的偏离度。

所谓跟踪偏离度，指的就是基金的收益率与标的指数收益率之间的偏差。跟踪偏离度以“%”为单位。

基金收益与标的指数收益的偏离度，偏离度越小，基金表现越好。

2. 跟踪误差

指数基金的收益不可能每天都与跟踪指数的涨跌幅度保持一致，所以，单单看跟踪偏离度是不能评定指数基金的优劣的，此时，还需引入其他指标，其中之一便是跟踪误差。跟踪误差主要用于衡量每天跟踪偏离度的波动性。

试想有如下两种情况。第一种情况，今天指数上涨了1%，指数基金净值上涨了2%，两者的偏离度为1%，到第二天时，指数下跌了1%，指数基金净值下跌了2%，此时，这二者之间的偏离度为-1%，综合来说，这两天的平均偏离度是0。第二种情况，今天你所购买的指数基金和标的指数之间的偏离度是3%，第二天是-3%，综合起来这两天的平均偏离度也是0。

很显然，第二种情况明显比第一种情况的跟踪波动性大，这是量化指数基金跟踪效果的一个重要指标。一般而言，跟踪误差越小，表明基金经理的管理能力越强。跟踪误差越大，反映其偏离标的越大，风险越高。

收益率并不是衡量指数型基金好坏的标准，负收益不代表基金管理人的管理能力差。被动管理的模式就意味着当市场下跌的时候，指数基金也要随着指数的下跌而下跌。因此即使收益率为负，只要跟踪指数精确，即表明该指数基金的管理水平较高。

3. 信息比率

除了上述两项指标外，信息比率也是一项很重要的指标，它考察的是每单位跟踪误差所获得的超越标的指数的超额收益率。在跟踪误差相当的情况下，获得的超额收益越大越好，在对跟踪同一个指数的基金进行评价时，这个指标可能更适合。

阿华准备选择指数型基金作为投资，可他通过查询证券网站了解到基金种类繁多，在具体选择时，他不知道如何选择，于是，他来到基金代销网点向理财专家请教。

对于阿华的这一困惑，理财专家给出了这样的建议：

（1）没有时间和精力选股，建议可以选择增强型的指数型基金。这类指数型基金是将被动投资作为核心组合资产投资策略、主动投资作为辅助组合策略，既分享了指数上涨带来的收益，同时也分享了基金管理人主动管理基金的能力。

（2）投资者偏好什么样的投资标的，选择与之对应的指数型基金。目前的指数型基金复制标的指数，既有在上海证券交易所上市的指标成分股，也有在深圳证券交易所上市的指标成分股，更有涵盖沪深两个证券交易所的指标成分股。投资者偏好什么样的投资市场，可以做相应的选择。

（3）具有个性化投资偏好可选择个性化指数型基金。投资者可以依照基金业绩基准进行指数型基金跟踪和管理效果的评价。如华安中国A股等，这些指数型基金具有不同于大众指数的鲜明个性，投资者可望能够获得超额收益，但这取决于基金管理人管理和运作基金的能力。

第二节 如何投资ETF

在与同事或朋友交流的过程中发现，不少的基民朋友对ETF的投资不是很了解，或者有的干脆直接将ETF与指数基金等同起来。其实这两者是不一样的。下面我们从了解ETF与指数基金的区别入手，逐步了解这类颇具投资价值的基金类型。

概括起来，指数型基金投资策略的核心思想是相信市场的有效性，从而通过复制与市场指数结构相同的投资组合，排除非系统性风险的干扰而获得与所跟踪指数相近，相当于市场平均水平的收益。

而ETF，即交易型开放式指数基金，也被称为交易所交易基金（Exchange Traded Funds，简称ETF）是一种在交易所上市交易的、基金份额可变的开放式基金，如华夏上证50ETF、友邦红利ETF、易基深100ETF等。如表8-2所示为上海证券交易所关于ETF交易规则的相关说明。

表8-2 上海证券交易所关于ETF交易规则的相关说明

说明对象	说明内容
交易时间	每周一到周五上午时段9:30-11:30，下午时段13:00-15:00，节假日除外
账户开户	投资者需在上海证券交易所开立A股账户或基金账户
交易单位	100份基金份额被称为1手

续表

交易方式	在交易日的交易时间通过任何一家证券公司委托下单
交易价格	每15秒计算一次参考性基金单位净值（IOPV），供投资者参考，以上证50ETF为例，大约等于“上证50指数/1000”。价格最小变动单位为0.001元，涨跌幅限制为10%
交易费用	无印花税，佣金不高于成交金额的0.3%，起点为5元
清算交收	T日交易，T+1日交收

一、ETF与股票、开放式基金的比较

交易型开放式指数基金属于开放式基金的一种特殊类型，它结合了封闭式基金和开放式基金的运作特点，投资者既可以向基金管理公司申购或赎回基金份额，同时，又可以像封闭式基金一样在二级市场上按市场价格买卖ETF份额。它与股票及一般的开放式基金的区别如表8-3所示。

表8-3 ETF与股票、开放式基金的比较

比较对象	相关说明
相比投资股票	在交易方式上，ETF与股票完全相同，投资人只要有证券账户，就可以在盘中随时买卖ETF，交易价格依市价实时变动，相当方便并具有流动性。ETF比直接投资股票的好处主要表现在如下两个方面： 1．和封闭型基金一样没有印花税 2．买入ETF就相当于买入了一个指数投资组合，对中小投资者而言可达到分散风险的效果
相比开放式基金	1．ETF的申购是指投资者用指定的“一篮子”指数成股实物（开放式基金用的是现金）向基金管理公司换取固定数量的ETF份额；而赎回则是用固定数量的ETF份额向基金管理公司换取“一篮子”指数成分股（而非现金） 2．比开放式基金的交易成本便宜 3．在基金管理方式方面，ETF管理方式属于“被动式管理”，ETF操作的重点在于追踪指数。而传统股票型基金的管理方式则多属于“主动式管理”，基金经理主要通过积极选股达到基金报酬率超越大盘指数的目的

续表

相比开放式基金	4. 在交易方式方面，ETF上市后，交易方式就如股票一样，价格会在盘中随时变动，投资者可在盘中下单买卖，十分方便；而传统开放式基金则是把每日收盘后的基金份额净值作为当日的交易价格

ETF和股票一样，以100个基金单位为1个交易单位（也就是1手），涨跌幅限制也和股票一样是10%。每只ETF均跟踪某一个特定指数，所跟踪的指数即为该只ETF的“标的指数”。为了使ETF市价能够直观地反映所跟踪的标的指数，产品设计者有意在产品设计之初就将ETF的净值和股价指数联系起来，将ETF的单位净值定位有其标的指数的某一百分比。因此，我们通过观察指数的当前点位，就可以直接了解投资ETF的损益，从而把握时机进行交易。

另外，ETF的升降单位和封闭式基金相同，为1厘。这样，上证50指数每升（降）1点，每单位的ETF净值就相应升（降）0.001元。

相比其他基金，ETF具有独特的实物申购和赎回机制。所谓实物申购、赎回机制，是指投资者向基金管理公司申购ETF，需要拿这只ETF指定的一篮子股票来换取；赎回时得到的不是现金，而是股票；如果想变现，需要再卖出这些股票。

二、ETF的认购方式

ETF的交易与股票和封闭式基金的交易完全相同，基金份额是在投资者之间买卖的。投资者利用现有的上海证券账户或基金账户即可进行交易，而不需要开设任何新的账户。

三、ETF的申购与赎回

基金成立后，将在交易所上市，投资者可以在二级市场进行ETF份额的买卖。

ETF属于开放式基金的一种特殊类型，它综合了封闭式基金和开放式基金的优点。投资者既可以在二级市场买卖ETF份额，又可以向基金管理公司申购或赎回ETF份额。具体程序如表8-4所示。

表8-4 ETF的申购与赎回

实施步骤	相关说明
提出申购赎回申请	投资者按代办证券公司规定办理相关手续后，在开放日的开放时间内，备足对价，提出申购、赎回申请
申购和赎回申请的确认	交易所对符合要求的申购、赎回申报即时予以确认，对不符合要求的申购、赎回申报做无效处理
申购和赎回的清算交收与登记	投资者T日申购、赎回成功后，登记结算机构在T日收市后为投资者办理组合证券的清算交收以及基金份额、现金替代的清算，在T+1日办理基金份额、现金替代等的交收以及现金差额的清算，在T+2日办理现金差额的交收，并将结果发送给代办证券公司、基金管理人和基金托管人

四、ETF的信息披露

ETF除了与一般的开放式基金一样披露基金净值、基金投资组合公告、中期报告、年度报告等信息外，还需要在每个交易日开市前通过交易所或其他渠道公布当日的申购赎回清单，二级市场交易过程中，交易所还要实时计算公布IOPV（基金净值估计值）供投资者买卖、套利时参考，因此ETF的信息披露内容较多，是ETF运作管理的重要内容之一。

五、ETF套利交易

ETF的套利机制是吸引投资者选择ETF的一个重要因素。在二级交易市场，ETF会因供求变化而造成净值和交易价格之间的偏差。当这种偏差较大时，投资者就可以利用申购赎回机制进行套利交易。

ETF的套利交易有两种方式——溢价套利和折价套利交易。

比如，当上证50ETF的市场交易价格高于基金份额净值时，投资者可以买入组合证券，用此组合证券申购ETF份额，再将基金份额在二级市场卖出，从而赚取扣除交易成本后的差额。相反，当ETF市场价格低于净值时，投资者可以买入ETF，然后通过一级市场赎回，换取“一篮子”股票，再在A股市场将股票抛掉，赚取其中的差价。

由此可见，通过普通交易方式逐步分解操作，会使套利交易效率和效果大打折扣，如欲提高套利成功概率，可以借助专门的ETF套利交易系统，通过一笔或简单几笔即可迅速完成。

目前国际上现有的ETF大部分都是指数基金，以跟踪某一指数为投资目标，采取被动式管理。基金资产为一篮子股票组合，组合中的股票种类与某一特定指数（如上证50指数）包含的成分股票相同，股票数量比例与该指数的成分股构成比例一致。

例如，上证50指数包含中国联通、浦发银行等50只股票，上证50指数ETF的投资组合也应该包含中国联通、浦发银行等50只股票，且投资比例同指数样本中各只股票的权重对应一致。换句话说，指数不变，ETF的股票组合不变；指数调整，ETF投资组合要做相应调整。

基金经理只需通过某种方式确定投资组合分布，并不对个股进行主动研究和时机选择。

总体而言，基金公司对ETF的管理包括组合构建、组合调整、投资绩效及跟踪误差评估、信息管理、申购赎回清单设计等内容。

六、避开ETF投资误区

ETF具有的交易成本低、分散风险、流动性强等特点受到了很多投资者的追捧，但在实际操作过程中，一部分投资者对ETF还存在一些认识上的误区。

误区一：认为ETF投资门槛高

不少投资者误认为ETF投资门槛太高，最小申赎单位少则几十万份、多则百万份且一篮子股票的实物申赎方式烦琐复杂，只适于资金量大的投资者参与。其实除了这一交易方式，ETF还有一种交易方式，即像股票、封闭式基金那样，在交易所二级市场和其他的ETF持有人之间进行“二级市场买卖”。

二级市场买卖ETF，起点只要100份（1手）。因此，对于手上闲余资金不太充裕的普通投资者而言，完全有能力参与。

误区二：持有的基金份额缩水了

苏女士在发行期认购了一只基金ETF产品共20万份，可过了半年后一看，不禁大吃一惊，怎么一下缩水那么多呢？

其实，ETF成立时的份额，和它运作后公告的份额是不同的。每一只ETF在成立、建仓完成之后，正式上市之前，都要进行“份额折算”，以使ETF的净值和它跟踪的指数建立一个比较直观的联系，方便上市后投资者的投资，“看对指数就基本看对ETF的净值”，以期实现“赚了指数就赚钱”。

误区三：ETF赚钱主要靠套利

ETF固然是存在套利机会，但如果觉得ETF赚钱主要靠套利那就大错特错了。因为ETF从本质上来说，还是一个指数投资工具，所以其根本赚钱之道，还是跟着指数走，这就是所谓的“赚了指数就赚钱”。

对于普通投资者而言，要正确认识ETF，并根据自身的财务状况和风险承受能力，设定财务计划和目标，更多尝试智慧地聚集“一篮子”ETF，构建风险分散化的ETF投资组合，同时定期回顾审视组合并进行重新再平衡，以获得稳定的回报。

第三节 如何投资LOF

2009年以来，上市开放式基金（LOF）得到迅速扩容。基金业内专家表示，上市基金以其交易便捷、成本较低的特点，受到基民和基金公司的青睐。

LOF，英文全称是“Listed Open-Ended Fund”，译为“上市型开放式基金”。与一般的开放式基金相比，LOF具有如表8-5所示的4点优势。

表8-5 LOF的四大优势

优势	相关说明
手续费低	一般的开放式基金，在购买与赎回时都需要缴纳费用，而LOF的交易只需缴纳低廉的双向交易费即可
交易便捷	LOF充分利用交易所交易系统，为投资者提供了更方便、快捷的投资方式。相比普通开放式基金，交易速度具备明显优势，所需等待时间更短
信息透明	由于它要在交易所买卖，必须遵守交易所的信息披露规则，因此LOF的信息披露将更加及时、透明
存在套利机会	LOF同跨两级市场交易，这就为投资者提供了更多获利的可能性

一、LOF投资的3种方式

投资者若想参与LOF的投资，具体操作上有3种方式可以选择。

1. 场内买卖

在交易所内以交易价格买入卖出LOF。投资者在二级市场上买卖LOF，只需支付不高于0.3%的券商佣金，一个完整的买卖交易流程所需交易成本不超过0.6%。

2. 场内申购、赎回

开放式基金场内申购、赎回是指证券公司在交易时间内，接受投资者委托通过交易所交易系统申报的申购、赎回。

目前，规模较大的券商都具有代理该项业务的资格。申购费和赎回费分别约为1.5%和0.5%，一个完整的申购、赎回交易流程所需交易成本约为2%。

3. 场外申购、赎回

投资者通过基金公司网站、银行、第三方销售机构等场外渠道按单位净值申购、赎回，与场内申购、赎回一样，场外的申购费和赎回费也分别约为1.5%和0.5%，一个完整的买卖交易流程所需交易成本约为2%。

二、LOF的买卖流程

LOF的买卖流程共分为如下3个步骤。

（1）开户。选择一家证券营业部开立深市A股证券账户或基金账户。

（2）认购。投资者在LOF发行期间，用证券账户或基金账户认购即可，同时交纳一定的费用。

（3）交易。LOF在深交所挂牌交易后，投资者就可以像在二级市场买卖深市封闭式基金一样进行买卖。

三、LOF净值的查询

投资者可通过下列渠道查询基金净值。

1. 于交易日到深交所去查询

深交所于交易日通过行情发布系统显示基金管理人提供的前一交易日的

基金份额净值及百份基金份额净值，投资者可通过各行情分析软件的设定在相应位置查询。

2. 到基金销售机构去查询

基金管理人及其代销机构在其营业场所内显示基金管理人提供的前一交易日的基金份额净值，投资者可在该营业场所直接查询。

四、LOF的转托管

投资者买入LOF后需要把基金存放在一个托管机构。通过不同渠道买入的基金被托管在不同的机构，并记录在不同的账户上。因此，投资者通过一个渠道买入的基金是无法直接在另一个渠道中卖出的。

如果想要跨渠道交易，投资者需要将托管在当前机构的基金份额转入另一个托管机构，这就需要办理转托管手续。

投资者在办理转托管时，必须先在转出机构和转入机构都设立基金账户，并分别办理转托管手续。转托管转出时需要交纳转托管手续费，转入时不用再交费用。通过转托管的方式，投资者可以实现LOF在两个市场之间的套利交易。

五、LOF的套利及其操作

由于LOF在交易所的交易价格与基金的单位净值可能会产生一定的差价，因此，投资者可以通过转托管来进行套利。

例如，某LOF的单位净值为1元，而交易所的交易价格为1.3元，这时投资者即可通过银行申购该基金，然后通过转托管将申购到的基金转到交易所，通过二级市场卖出，这样就能获得基金净值和交易价格之间的差价；如果某LOF在交易所的价格为1元，而单位净值为1.3元，投资者则可在交易所买入该基金，通过转托管在银行按照基金的净值赎回即可。

对于此套利模式，投资者必须在证券营业部和银行营业部同时开立资金账户才可进行交易。

基民需要注意，转托管手续要两个工作日，也就是在T+0日办理，要到T+2日才能赎回。

具体来说，实施LOF套利，有如下两种策略。

1. A类套利

当LOF二级市场交易价格高于基金净值时便可以进行套利，这种情况也被称作A类套利。

前面我们说过，LOF采用场内交易和场外交易同时进行的交易机制，因而LOF便有二级市场交易价格和基金净值两种价格。

LOF的交易价格在一天交易时间里是连续波动的，而基金净值是在每天收市后，由基金管理公司根据当天股票和债券等收盘价计算出来的。净值一天只有一个。

当LOF二级市场交易价格高于基金净值时，并且这样的差价足够大过其中的交易费用（一般申购费1.5%+二级市场0.3%交易费用），那么A类套利机会就出现了。其具体操作办法如下。

（1）基民进入交易系统，点击进入资金账户（该账户必须挂深圳股东卡），选择股票交易项目下的“场内基金申赎”，输入LOF代码，然后点击“申购”和购买金额后，完成基金申购。

（2）根据规定，到T+2交易日，基金份额将到达投资者的账户。也就是说，星期二申购的LOF，到星期四时，所购买的基金份额就能到账。

（3）从份额到账这一天开始，只要市场价格大于净值的幅度超过套利交易费用（一般情况下，该费用=1.5%申购费+0.3%交易费用），无风险套利机会就出现了。

LOF两种价格说明：

LOF二级市场交易价格如股票二级市场交易价格一样，是投资者之间互相买卖所产生的价格。而LOF净值是基金管理公司利用募集资金购买股票、债券和其他金融工具后所形成的实际价值。

2. B类套利

在熊市或下跌市的市场行情中，LOF二级市场交易价格往往会低于基金净值，在此种情况下，实施LOF套利被称为B类套利。

当LOF二级市场交易价格低于基金净值时，且其中差价大过交易费用（一般情况下，该费用=二级市场交易费用×0.3%+0.5%×赎回费用）时，那么B类套利机会就出现了。其具体操作办法如下。

（1）基民点击进入资金账户（该账户必须挂深圳股东卡），选择股票交易，像正常股票买卖交易一样，输入基金代码（此处不进入“场内基金申赎”）买入即可。这个过程被称为LOF二级市场买入，和买卖封闭式基金一样。

（2）在二级市场买入的LOF份额，第二天（T+1日）到账，从这一天开始，当LOF二级市场交易价格低于基金净值时，且其中差价大过交易费用（一般情况下为0.8%）时，就可以在股票交易项目下的“场内基金申赎”进行基金赎回操作了。

第四节 如何投资QDII基金

境内的投资者第一次大规模接触QDII产品是在2007年9月，时值全球股市如日中天，各大基金公司趁机推出QDII产品，使投资者有机会享受A股以外的增值机会。

QDII是Qualified Domestic Institutional Investor（合格的境内机构投资者）的首字母缩写。它是在一国境内设立，经该国有关部门批准从事境外证券市场的股票、债券等有价证券业务的证券投资基金。

基民可以通过和讯及其他证券网站，查询到QDII基金的相关信息，包括基金代码、单位净值、累计净值、日涨跌、净值走势图等。

QDII基金是可以投资海外市场的一种工具，通过QDII，投资范围就不再局限在国内的证券市场，而是可以投资于国际资本市场。

一、QDII基金的投资优势

在QDII基金推出后不久，就遭遇了全球金融危机，导致QDII表现不尽如人意。虽说如此，QDII所具有的独有定位却也能展示其优势。

1. 投资工具更加丰富

QDII可投资产品更广泛，除海外资本市场挂牌交易的股票、债券外，还可投资公募基金、结构性投资产品、金融衍生品、存款凭证、资产抵押债券等。

一般来说，投资品种的丰富有利于基金经理构建投资组合，在风险一致的情况下追求更大收益。

2. 投资范围更广，机会更多

QDII产品可投资于国际资本市场（包括欧洲、美国、日本、中国香港地区以及新兴市场等），使得投资范围不再局限于国内。虽然国内资本市场很红火，但海外新兴市场及欧美等成熟市场也具投资吸引力。对海外市场做投资配置，可以在较低的投资风险下获得全球经济成长的收益。

3. 分散了单一市场的风险，优化资产配置

在目前的市场环境下，引入全球化投资工具，不仅有助于国内投资者分散国内理财风险，而且有助于推动国内投资者参与国际市场投资，分享全球经济增长的成果，实现财富增值。

二、QDII基金购买渠道的选择

目前，QDII基金销售主要有3个渠道——基金公司直销中心、银行网点、证券公司网点。另外，在邮储网点、少数专业的基金销售公司也可买到QDII基金。其实，不少银行都推出了网上基金超市，所有柜台上销售的基金都可以在网上超市找到，而且还可以享受费率优惠。

那么该选择何种渠道购买QDII基金呢？这就要根据投资者的实际情况而定了。对此，我们给出了如下建议：

（1）对于上班族或年轻白领来说，可以选择在基金公司直销中心选择网上交易的方法，进行QDII基金的开户、认（申）购、赎回等操作。

选择这一购买渠道的优势在于，这种方式不受时间地点的限制，还可享受交易手续费的优惠。不便之处在于，如果您需要选择多家公司的多只QDII基金产品进行购买，则需要在每家基金公司都办理相关手续，比较复杂。

（2）对于年纪稍大的中老年基金投资者来说，可以选择银行网点、券商网点进行QDII基金的购买。其原因主要有二：

其一，由于银行、券商网点众多，比较便利。

其二，投资者还可以咨询银行、券商的客户经理的建议，进行QDII基金的选择。这种方法的不便之处在于，每个银行网点代销的基金公司的产品都有限，在选择空间上不是太大。

三、如何挑选QDII基金

从资产配置角度而言，投资者持有一定比例的海外资产，可以有效化解单一市场风险，这对于高额资产投资者尤为重要。然而，面对市场已有的诸多QDII基金产品，基民该如何选择一款适合自己的产品呢？下面给出了4点建议。

1. 看投资方向

基民在投资QDII基金时，事先需要对基金的投向有一个清楚的了解，如果能对相关市场的发展有所研究，对选择产品会更有帮助。也就是说，只有投资前景明朗，投资才能更加有的放矢。

2. 看是否符合自己的风险承受能力

选择投资海外市场要看是否符合自己的风险承受能力，因为海外风险及市场波动性比较大，所以投资者投资QDII基金产品时要有好的心态，应注重长期回报，要给予投资机构一定的时间来为自己争取高收益。

3. 选择具有多方向投资的品种

基民可以考虑投资于具有多种投资产品的金融工具，包括股票、存托凭证、交易型开放式指数基金（ETF）等权益类证券以及中国证监会允许基金投资的其他金融工具。这样不会局限于某一个空间，即使投资于境外的市场，也不要忘记“不要将鸡蛋放在同一个篮子里”。

4. 看投资管理人的水平

QDII基金产品管理人的管理水平也是决定基金表现好坏的一个重要

因素。因此，购买QDII基金时，投资者还需对基金的管理人做个必要的了解，挑选那些管理水平优秀的管理人。

另外，基民在选择QDII基金时不应以新老作为评价的唯一标准，而应遵循如下两个原则。

其一，不论新旧，只论“成长性”。基民应把重点放在研究新基金所涵盖的投资品种是否具有持续的增长潜力上，同时全面地考察自己的投资组合，如果个人现有的基金组合中已经涵盖了这些增长点，就不必去一味追求新基金。

其二，不论新旧，只论“赚钱能力”。在对比QDII新、老基金的投资收益时，要注意“归零”分析，也就是把它们放在同一时点进行分析，不能单纯地认为，在同一时点新基金从1元变成1.2元要难于老基金从2元涨到2.4元，新老基金面对的同样是未来环境，同样接受日后经济起伏的考验，它们收益的不同是因为选股或择时的不同，而不是因为它们是新基金或者老基金，所以还要综合考虑这家基金公司以及投资研究团队的综合实力。

5. 选择优秀的基金公司

基金公司是运作基金的单位，其投资能力直接决定基金的投资收益，因此，无论是投资何种基金产品，基民都应当选择管理经验丰富、过往长期投资业绩比较好的基金管理公司。投资QDII基金亦是如此。

四、投资QDII基金的风险

由于海内外证券市场在制度环境、投资范围各方面的不同，投资于QDII基金除了要面临基金投资的一般风险（市场波动风险，基金管理风险等）外，还要面临境外证券市场投资的一些特定非风险，主要包括海外市场风险、税务政策风险、汇率风险、金融衍生品投资风险等，具体内容见表8-6。

表8-6 投资QDII基金的风险

投资风险	风险说明
海外市场风险	海外市场风险是指由于市场因素如基础利率、汇率、股票价格和商品价格的变化，或由于这些市场因素的波动率的变化，而引起的证券价格的非预期变化并产生损失的可能性。各国（地区）处于不同的产业经济循环周期也会对基金的投资绩效产生影响
税务政策风险	就税务情况而言，在全球市场进行投资时，由于各国税务法律法规的不同，可能会使基金的资产回报受到一定影响
汇率风险	汇率风险也是QDII基金产品投资需要注意的。QDII基金产品投资在不同的市场，这些市场可能以不同的货币种类进行计价，而最后QDII基金将用一种货币进行计价。在这个过程中，汇率波动会对基金的净值产生影响
金融衍生品投资风险	QDII基金可投资于包括期货、掉期、期权以及其他结构性产品的金融衍生品，由于其具有杠杆效应，在市场面临突发事件时，可能会导致投资亏损

第九章

封闭式基金投资技巧

（投资的）关键不在于一定要以最低价买入或高价抛出，而是买进卖出要把握住恰当的时机。

——杰西·利弗莫尔

第一节 封闭式基金的交易

封闭式基金，是相对于开放式基金而言的，它是指基金的发起人在设立基金时，限定了基金单位的发行总额，筹足总额后，基金即宣告成立，并进行封闭，在一定时期内不再接受新的投资。

相比开放式基金，封闭式基金有如下两个特点。

其一，封闭式基金发行总额有限制，一旦完成发行计划，就不再追加发行。投资者也不可以进行赎回，但基金单位可以在证券交易所或者柜台市场公开转让，其转让价格由市场供求决定。

其二，基金管理人没有申购赎回的压力，可以更好地实现既定的投资策略。

一、封闭式基金的申购

封闭式基金的申购，主要包括如下3个步骤：

1. 办理申购

由于封闭式基金像普通上市公司的股票一样在证券交易市场挂牌交易，因此，跟买卖股票一样，买卖封闭式基金的第一步就是到证券营业部开户，办理深圳、上海证券账户卡。

股票账户分为上海证券公司股票账户和深圳证券公司股票账户两种，可根据需要决定办理一种或两种。

老许是个股民，近来他突然对封闭式基金产生了兴趣，于是他准备将自己的储蓄拿出一部分用来购买封闭式基金，可在他迈出第一步时就遇到了麻烦。

事情是这样的，老许来到一家证券营业部，准备去开一个用于买卖封闭式基金的账户，那里的工作人员在了解到老许已经有股票账户后，不给他开立基金账户，这让老许很纳闷。

这是为什么呢？原来是因为投资者如果已经有了股票账户，就不得另外再开立基金账户了，原有的股票账户是可以用于买卖封闭式基金的。但是，反过来看，基金账户却不可以用来买卖股票。

开户后，还需到银行办理开通银证转账手续，将银行账户里的钱转入本人在证券公司的资金账户里。

在这之后，就可以通过证券营业部委托申报、电话委托申报、网上操作等方式办理委托申购。

2. 确认中签

如果将申购日定为T日，那么，可以将这一环节的工作分解为如下5个小步骤。

（1）T日：申购日。

（2）T+1日：将申购资金划入登记结算公司资金专户。

（3）T+2日：验资并出具验资报告，确认有效申购。

（4）T+3日：摇号抽签。

（5）公布中签结果，对未中签的申购款予以解冻。

3. 明确申购规则

封闭式基金的申购，尤其是相应的申购规则，投资者需事先了解清楚，以确保投资活动的顺利进行。

封闭式基金的申购规则如表9-1所示。

表9-1 封闭式基金的申购规则

申购规则	规则说明
发行方式	上网定价发行
发行对象	中华人民共和国境内的自然人、法人和其他组织（法律、法规及有关规定禁止购买者除外）
发行面值	1.00元/份
发行费用	0.01元/份
申购价格	1.01元/份
申购地点	深、沪证券交易所
申购单位	每份基金单位
申购份数	每一账户的申购量最少不得低于1000份；超过1000份的，需为1000份的整数倍
申购限制	每一账户申购不设上限，投资者可以多次申购，但每笔申购不得超过99.9万份。同一账户多次申购的，将多次申购的数量全部累加后，对同一账户的申购进行连续配号
配号方式	分段配号，统一抽签

二、购买封闭式基金的费用

在费用方面，投资者在买卖封闭式基金时与买卖上市股票一样，也要在价格之外付出一定比例的证券交易税和手续费；而开放式基金的投资者需缴纳的相关费用（如首次认购费、赎回费）则包含于基金价格之中。一般而言，买卖封闭式基金的费用要高于开放式基金。

封闭式基金的流通采取在证券交易所上市交易的办法，因而其买卖价格受市场供求关系影响较大。当市场供小于求时，基金单位买卖价格可能高于每份基金单位资产净值，这时，投资者拥有的基金资产就会增加；当市场供大于求时，基金价格则可能低于每份基金资产净值。

三、封闭式基金的查看

基民可以下载相关炒股软件，单击“基金”按钮，就可以看到上证封闭基金和深证封闭基金的信息，包括基金代码、名称、最新价、涨跌等。

第二节 封闭式基金的折价与溢价

封闭式基金因在交易所上市，因而其买卖价格受市场供求关系影响较大，所以，封闭式基金单位交易过程中经常会出现溢价或折价的现象。

简单来说，当封闭式基金的市场价格高于其单位净值时称为溢价；反之，当封闭式基金的市场价格低于其单位净值时称为折价。

一、折价率的计算

折价率的内涵是以基金份额净值为参考，单位市价相对于基金份额净值的一种折损。因此，封闭式基金折价率的定义为：封闭式基金的基金份额净值和单位市价之差与基金份额净值的比率。

封闭式基金的折价率是由投资者对基金的认可程度决定的，这种认可程度受到多种因素的影响，具体内容如表9-2所示。

表9-2 影响封闭式基金折价率的因素

影响因素	相关说明
基金规模与管理水平	基金规模大、管理水平高的基金，具有更强的基金管理能力，从而使得基金的投资组合更接近市场组合。因而购入这种基金的风险相对就小些，折价率也就比较低
剩余存续期限	封闭式基金的折价率与其剩余存续期限成正比，剩余存续期限越短，基金净值出现大幅波动的可能性也就越小，折价率就越低

续表

市场行情	在牛市中，基金的盈利能力增强，会有大量投资者购买基金，从而推动基金市场价格上涨，因此，基金的折价幅度也就会相应地减少。相反，在熊市中，基金的折价比率就会提高
分红潜力	封闭式基金分红意味着有一部分资金可以提前变现，这会促使基金的交易价格上涨，所以，当封闭式基金可能出现大比例分红时，折价率会变小

二、溢价率的计算

基金溢价率的计算公式为：

溢价率=（单位市价−基金份额净值）÷基金份额净值×100%

说明：

（1）当单位市价大于基金份额净值时，溢价率大于零，称为溢价。

（2）当单位市价小于基金份额净值时，溢价率小于零，称为折价。

第三节 封闭式基金的投资策略

常常听到一些投资理财专家给出这样的投资建议："投资基金时不要只盯着开放式基金，封闭式基金也非常值得关注。"那么，购买封闭式基金有哪些技巧？怎样才能买到好基金来实现投资收益最大化呢？下面给出了七点建议。

一、计算折价率与溢价率

折价率和溢价率是衡量封闭式基金的价格是否划算的尺度，是看一只封闭式基金有没有投资价值的一个标准。所以，计算封闭式基金的折价率和溢价率，也是投资封闭式基金的一项必需的基本功。

折价率是评估封闭式基金的一个重要指标，对投资者而言，高折价率无疑是一个投资的机会。但需要注意的是，折价率并不是我们挑选基金的唯一评判指标。

某只基金3月20日的净值为2.7497元，交易价格只有2.468元，折价率为10%。假设该只基金年底转为开放式基金，基民可以以接近基金净值的价格卖出，那么，即使期间该只基金的净值没有任何增长，在忽略交易成本的前提下，收益率也有约11%，计算公式为：$(2.7497-2.468)\div 2.468\times 100\%\approx 11\%$。

二、计算净值增长率

封闭式基金的业绩好不好，主要看它的净值增长率。增长率大的，业绩就领先，增长率小的，业绩就落后。所以，它也成为我们衡量基金的一项重要指标。净值增长率的计算公式如下。

净值增长率=（当前净值-以前净值）÷以前净值×100%

三、估算分红潜力

在封闭式基金的分红方案未公布以前，可以根据它的可分配收益，估算出其分红的潜力来。因为封闭式基金在分红后可能会出现一个极好的投资机会。所以，如果尽早估算出封闭式基金的分红潜力，再择优而取之，就可以抢先一步低价进入，坐享更大的基金涨价的收益。

封闭式基金每季度的可分配收益如何，可以通过两种途径查看：其一，查看基金公司的季报、半年报和年报；其二，到证券公司交易系统上查询。

四、查看基金重仓股

基金的重仓股是基金资产增长的主要源泉，也是基金净值增长的主要动力。

封闭式基金的十大重仓股在每个季度公布一次，公布在基金的季报里。而且，每逢半年报和年报，基金管理机构会公布当时所持有的全部股票品种及其数量。及时查询基金的重仓股，只需要查看基金的季报、半年报和年报就可以了。

要了解这方面的信息，与查询基金的分红方案一样，有以下的渠道：其一，查看基金公司的季报、半年报和年报，这是最快的；其二，上基金公司的网站上查阅，该基金公司旗下的封闭式基金的季报、半年报和年报等都会在其公司网站上公布；其三，到证券公司交易系统上查询；其四，许多门户网站的财经频道以及其他的财经网站也会有转载。

五、看基金公司和基金经理的综合水平

投资任何基金，都不能忽视基金公司和基金经理的综合管理水平。因为基金公司、基金经理及基金管理团队对基金的收益水平起着至关重要的作用。

六、看基金的评级情况

各基金评级机构给出的基金评级结果，对基民的投资有着重要的参考价值。因此，基民在决定投资封闭式基金之前，可以事先查看基金的评级结果，以帮助自己做出合理的决策。

七、注意控制风险

组合投资是有效规避投资封闭式基金风险的方法。在操作过程中，基民还可以构建多只封闭式基金的组合，便于有效分散因个别基金管理不当造成的风险。

选择一只封闭式基金进行长线投资，其中会涉及很多的技巧，除上述介绍的7点内容外，投资者还需不断学习，进而提升自己的投资水平。

第四节 封闭式基金的到期处理

封闭式基金到期之后，较为常见的处理方式有两种：第一种是清盘，即按基金净值扣除一定费用后退还给投资者；第二种是转为开放式基金，即我们常说的“封转开”。

从表面上看，对投资者来说，到期“封转开”或清盘似乎区别不大，因为二者都是一个结果，即按照净值赎回或结账。但是，如果把眼光放长远，把眼界放宽，仔细分析后会发现，“封转开”也是一个实现多盈利的机会。

一、利用“封转开”的投资机会

封闭式基金的套利机会取决于市场走势。大体说来，“封转开”基金的走向存在如下3种可能。

（1）如果未来的股票市场行情走平，基金的净值维持基本不变，而到期日折价率归零，套利的空间的确存在。

（2）如果未来的基础市场行情走高，基金的净值也将有同步走高的可能，那么投资者将会获得两份收益，即净值的增长和折价率的回归。

假设某只基金的折价率是10%，到“封转开”时，基金净值增长了5%，这样一来，投资者可能得到15%的收益增长。

（3）如果未来基础市场行情下跌，基金的净值将极有可能同步下跌，基金价格也会相应下跌，且如果下跌的幅度超过了折价率的空间，投资者将有可能面临短期的亏损。

因此，对即将到期或公布即将实施“封转开”的基金，投资者需对其做出一个大体的判断并从中选择合适的基金产品，以获得更高的收益。

二、其他处理方式

还有一些不同于传统的解决方法，具体介绍如下。

（1）继续存续，修改基金契约，延长基金的到期期限。

（2）转换为新封闭式基金，持有人可以选择转换为新的封闭式基金，也可以选择退出。

（3）转换为上市开放式基金的上市部分，基金一部分在交易所上市，像封闭式基金，另外一部分像开放式基金一样申购赎回，两部分可以互相转换等。

第十章

基金风险控制

风险与投资是相伴相生的，世界上没有无风险的投资，基金投资也是如此。

——杰姆·罗杰斯

第一节 基金投资的三大风险

如同道路有上坡下坡、直道弯道一样，股市亦有涨有跌、有牛有熊。我们开车在下坡或前方有弯道时需要刹车减速，以保证行车安全。而基金在市场转折时也需要“刹车”，及时减仓，才能降低投资损失。

同事小肖前段时间曾以0.8元的价格买入一只基金，可三个月过去了，小肖发现这只基金的涨幅并不明显，始终在0.8元的价位徘徊。于是，一气之下，他便将基金全部赎了回来。

半年后，小肖无意间看见自己之前购买的那只基金涨到了1.25元，他很后悔当时不应将其赎回，于是，他准备再次购买该基金。可是，他又担心这只基金的净值会下跌，所以对是否再次购买这只基金，他一直犹豫不决。

两个月之后，这只基金的净值涨到了将近1.6元，这次，他更感到后悔了。

任何投资都会有风险，基金投资也不例外。投资者一旦投资了基金，其投资风险便产生了。

为了能最大程度地降低投资的风险，基民就需要事先了解基金投资存在哪些风险。概括起来，可以将基金投资的风险分为三大类，共计10种。

一、基金投资的市场风险

基金投资的市场风险又可以分为系统性风险与非系统性风险两类，其具体内容见表10-1。

表10-1 基金投资的市场风险

基金投资的风险		相关说明
基金的市场风险	系统性风险	政策风险，主要是指因财政政策、货币政策、产业政策、地区发展政策等国家宏观政策发生明显变化，导致基金市场大幅波动，影响基金收益而产生的风险
		经济周期风险，指随着经济运行的周期性变化，证券市场的收益水平呈周期性变化，基金投资的收益水平也会随之变化
		利率风险。金融市场利率的波动会导致证券市场价格和收益率的变动。基金投资于债券和股票，其收益水平会受到利率变化的影响
		购买力风险，指基金的利润主要是通过现金形式进行分配，而现金可能会因通货膨胀的影响而导致购买力下降，从而使基金的实际收益下降
	非系统性风险	上市公司经营风险。如果基金公司所投资的上市公司经营不善，其股票价格可能下跌，或者能够用于分配的利润减少，使基金投资收益下降
		操作风险和技术风险。基金的相关当事人在各业务环节的操作过程中，可能因内部控制不到位或者人为因素造成操作失误或违反操作规程而引发风险。此外，在开放式基金的后台运作中，可能因为系统的技术故障或者差错而影响交易的正常进行，甚至导致基金份额持有人利益受到影响
		基金未知价的风险。投资者购买基金后，如果正值证券市场的阶段性调整行情，由于投资者对价格变动的难以预测性，投资者将会面临购买基金被套牢的风险
		管理和运作风险。基金管理人的专业技能、研究能力及投资管理水平直接影响到其对信息的占有、分析和对经济形势、证券价格走势的判断，进而影响基金的投资收益水平

二、基金的未知价风险

开放式基金的申购和赎回交易采取“未知价”成交法，即投资者当日进行基金交易时，并不知道当日的基金份额净值，基金份额净值通常要在当日交易时间后计算出来。因此，投资者在进行基金交易时所参考的份额净值是之前基金交易日的数据，而当日基金份额净值尚无法确定。换言之，基民在购买或赎回基金时，实际上是无法知道具体的成交价的。

三、基金的流动性风险

当开放式基金面临巨额或较大额赎回时，由于基金持有的证券较集中或者市场整体的流动性不足，基金变现资产，导致净值损失，就产生了开放式基金的流动性风险。

关于开放式基金的流动性风险，可以理解为基金的变现能力的风险，特别是对于开放式基金，由于开放式基金需要应对投资者日常的申购和赎回交易，因此，对基金管理人而言，保持资金良好的流动性是非常重要的。

2000年美国科技股泡沫破灭，纳斯达克市场一路暴跌，科技股基金平均收益率从1999年的128%跌至2000年的−37.3%，随后两年继续以−21.5%、−35%的负收益告终，当时所有投资科技股的行业基金无一幸免，所有这些科技股基金也都惨遭巨额赎回甚至清盘，华尔街数以千计的对冲基金成批倒下至清盘出局。

第二节 如何衡量基金的风险

既然基金投资是有风险的，对于基金投资者来说，就需要对基金投资存在的风险进行一个合理的评估，这样才能有针对性地采取相应措施，使自己的投资收益达到最大化。

一般来说，基民对投资风险的衡量，可以从以下五个方面来进行评估。

一、根据评级的结果来考察基金的风险

随着基金的扩张式发展，目前市场上可购买的基金有好几百只，为挑选收益更高、风险更低的基金，基民们选择购买时多求助于专业机构发布的基金投资评级。

专业机构对基金的评级，如晨星、理柏、银河等，其内容包括对基金的风险、收益等多方面的考察，这些结论可以为基民的投资提供一定的参考。

二、根据周转率来考察基金的风险

"基金周转率"，也称"换手率"，是反映基金买进和卖出证券数量的指标，它指一段期间内，基金投资组合内的持股买卖变更次数。换句话说，50%的周转率意味着基金投资组合内有一半的股票被买卖转换过。

基金周转率的计算方法是：用某一段时间内，基金投资总买入量和总卖出量中的较小者除以基金净资产。

周转率的高低并不能与绩效的好坏画符号，但周转率高的基金，成本以及风险相对较高，因此选择上仍应留意。

基金的周转率高有两个缺点，一是导致交易成本过高，降低基金操作绩效。由于投资股票的交易成本包括证券交易税以及证券交易手续费，这两项费用都和股票进出买卖的次数成正比，因此周转率越高的基金，成本负担越大，因为这部分的成本都隐含在基金净值里面。二是短线进出，将提高投资风险，因为短线进出容易错估买卖时点。

三、根据持股比重来考察基金的风险

每一只股票型基金的招募书上都会做出这样的说明：投资股票的比例不得超过90%和不得低于60%，基金的投资方向可以是股票或是其他资产。

基金股票的持仓情况称为仓位，仓位越高，说明基金的持股比重越大，也就预示着基金的风险越大。

基金作为市场中主要的机构投资者，其投资取向与大盘走势有着很大的关联。当然，大盘也会在一定程度上左右基金的选择。

通过以往的数据可以看出，在2001年后半年，大盘指数大幅下挫的情况下，全体基金的持股比例也下降到一个很低的数值，如2001年的第四季度，其持股比例只有47.06%，远低于规定的基金股票投资的上限。同样在2008年的下跌行情中，基金的持股比重越大，基金受到的损失也就越大。相反，在2006年的上涨行情中，基金持股比重越大，其获得的收益也就越大。

基金经理往往会根据市场行情的变化来调整持股比重。例如，在牛市行情中，基金经理通常会加大股票型基金的投资比例；在熊市行情中，则会加大债券型基金或其他相对具有稳定收益品种的投资比例。

四、通过持股集中度来衡量基金的风险

我们可以通过看基金的资产配置及持仓状况来了解基金的风险，尤其是持仓状况，基金的持股集中度就是前十大重仓股占资产净值的比例，持股集中度不要太高，一般不要超过50%，而且单只股票所占比重也不要太高。

基金的持股集中度是衡量基金风险程度的一个重要指标。基金持股集中度高，虽然便于资金的控制，可能会使基金净值上升很快，然而，它怎样做到“全身而退”同样也给基金管理人带来了一个很大的难题。

五、通过行业集中度来衡量基金的风险

衡量基金的风险，基民还可以看基金的行业分布。

基金是集中投资在某个行业，还是分散在各个行业？基金的行业集中度决定了市场某个板块大幅下跌时基金的表现是否会受到较大影响。

行业集中度是指基金重配行业中占基金全部行业配置（基金持股总市值）的比重。一般情况下，我们用投资的前三或前五大行业代表的基金的重配行业来进行行业集中度的计算。

如果基金大量持有某个行业的股票，当这个行业的股票都大幅下跌时，基金的业绩也随之有较大幅度的变动。

第三节 评估基金风险的五大指标

基民选择基金，都希望选择业绩表现佳、抗风险能力强的基金。但是，投资者如何才能判定基金的优劣呢？虽然说专业的星级评级机构每年都会对基金做出星级评定，但因为这个评级结果只是一个综合化的结果，它虽然给出了基金的综合收益情况，但它并不是投资者进行投资决策的唯一指标。

现在，我们为基民朋友们介绍几项用于评估基金风险的指标，以便做出更合理的投资决策。

一、夏普比率——基金绩效评价标准化指标

夏普比率（Sharpe Ratio，也叫夏普指数），是诺贝尔奖获得者威廉·夏普根据资本资产定价模型（CAPM）发展出来，用来衡量金融资产的绩效表现的一个指标。

我们可以用一个简单的例子来阐述夏普比率的内涵。试想，如果你要去某个地方，有两种出行方式：乘坐地铁或自己开车，所耗费时间是一样的。在不考虑成本和舒适度的情况下，为了保证准时到达目的地，你会选择哪种出行方式？或许大多数人都会选择乘坐地铁。原因很简单，因为地铁发生故障的概率要远远小于堵车的概率。投资亦是如此。

两只同类基金的同期业绩表现相近，累计净值增长率都一样，而一只基金表现大起大落，另外一只基金稳步攀升、波动较小。理性的投资者会选择后者来规避波动的风险。

夏普比率的核心思想是，选择收益率相近的基金承担的风险越小越好，选择风险水平相同的基金则收益率越高越好。在比较结果中，夏普比率越高越好。

夏普比率计算公式如下：

夏普比率=[E（Rp）−Rf]÷σp

其中：E（Rp）代表投资组合预期报酬率；Rf代表无风险利率；σp代表投资组合的标准差。

如果夏普比率为正值，代表基金报酬率高过波动风险；若为负值，代表基金操作风险大过报酬率。因此，夏普比率越大，说明该只基金单位风险所获得的风险回报也就越高，基金的绩效也就越好。

夏普比率在计算上尽管非常简单，也能为投资者在做投资决策时提供有效的参考，但在具体运用中仍需对夏普比率的适用性加以注意。

（1）夏普比率未考虑组合之间的相关性，因此纯粹依据夏普值的大小来构建投资组合是不宜的。

（2）夏普比率与其他很多指标一样，衡量的是基金的历史表现，因此并不能简单地依据夏普比率来进行未来的操作。

（3）计算上，夏普指数同样存在一个稳定性问题：夏普指数的计算结果与时间跨度和收益计算的时间间隔的选取有关。

夏普比率是衡量基金的风险、调整收益水平的一个重要指标，对选择基金有一定的指导意义，但并不是衡量基金绩效的唯一指标，投资者可结合基金的其他因素和自身的风险承受能力来选择基金。

二、阿尔法系数——确定投资回报率

阿尔法系数（α）是基金的实际收益和按照贝塔系数（β）计算的期望收益之间的差额。其计算方法如下：

超额收益=基金的收益–无风险投资收益（在中国为一年期银行定期存款收益）

期望收益=贝塔系数×市场收益

反映基金由于市场整体变动而获得的收益。具体内容见表10–2。

表10–2 阿尔法系数（α）值说明

数值	释义
α＞0	表示一基金或股票的价格可能被低估，建议买入。亦即表示该基金或股票以投资技术获得比平均预期回报大的实际回报
α＜0	表示一基金或股票的价格可能被高估，建议卖空。亦即表示该基金或股票以投资技术获得比平均预期回报小的实际回报
α=0	表示一基金或股票的价格准确反映其内在价值，未被高估也未被低估。亦即表示该基金或股票以投资技术获得平均与预期回报相等的实际回报

阿尔法系数是一种相对指数，阿尔法系数越大说明其基金获得超额收益的能力越大。换言之，在同类基金产品中，阿尔法系数越大，该基金经理便能够额外为投资者带来更多的“附加值”。

假设有一投资组合，通过对其的风险水平分析，资本资产定价模型预测其每年回报率为10%，但是该投资组合的实际回报率为每年14%。此时，这个投资组合的阿尔法系数为4%（14%–10%），即表示该组合的实际回报率超过由资本资产定价模型预测的回报率4个百分点。

我们知道，在投资中风险越大所获得的收益也越大，这是不变的定律，所以阿尔法系数应更值得我们关注。虽然市场千变万化，参考指标也不可能是金科玉律，但巧妙借用阿尔法系数，可以帮助投资者更多地了解基金的盈利能力，选到真正称心如意的基金。

三、贝塔系数——衡量价格波动情况

贝塔系数（β）是一种评估证券系统性风险的工具，用以评估某只股票或某只股票型基金相对于整个市场的波动情况。具体内容见表10-3。

表10-3 贝塔系数（β）值说明

数值	释义
贝塔系数＞1	说明基金的波动性大于业绩评价基准的波动性
贝塔系数＜1	说明基金的波动性小于业绩评价基准的波动性
贝塔系数=1	说明基金的波动性等于业绩评价基准的波动性

贝塔系数是一个相对指标。贝塔系数越高，意味着基金相对于业绩评价基准的波动性越大。换言之，贝塔系数越高，其风险也就越大。

我们可以简单地这样来理解：如果贝塔系数为1，则市场上涨10%时，基金就上涨10%；市场下滑10%时，基金则相应下滑10%。如果贝塔系数为1.1，市场上涨10%时，基金则上涨11%；市场下滑10%时，基金则下滑11%。如果贝塔系数为0.9，市场上涨10%时，基金则上涨9%；市场下滑10%时，基金则下滑9%。

贝塔系数反映了个股对市场或大盘变化的敏感性，也就是个股与大盘的相关性即通常说的“股性”。可根据市场走势预测选择不同的贝塔系数的证券从而获得额外收益，特别适合做波段操作使用。当有很大把握预测到一个大牛市或大盘某个上涨阶段的到来时，应该选择那些高贝塔系数的证券，它将成倍地放大市场收益率，为投资者带来高额的收益；相反在一个熊市到来或大盘某个下跌阶段到来时，应该调整投资结构以抵御市场风险，避免损失，最好的办法是选择那些低贝塔系数的证券。

四、R平方——反映业绩变化情况

前面我们提到了贝塔系数，然而它能否有效衡量风险，很大程度上受基金与业绩评价基准相关性的影响。如果将基金与一个不大相关的业绩评价基准进行比较，计算出来的贝塔系数就没有意义。所以考察贝塔系数时，应当同时考察另一个指标——R平方。

R平方是衡量一只基金业绩变化在多大程度上可以由基准指数的变动来解释，以0至100计。如果R平方值等于100，表示基金回报的变动完全由业绩基准的变动所致；若R平方值等于60，即60%的基金回报可归因于业绩基准的变动。简言之，R平方数值越小，说明业绩基准变化与基金表现的相关性越低。

此外，R平方也可用来确定贝塔系数或阿尔法系数的准确性。一般而言，基金的R平方值越高，其两个系数的准确性便越高。

五、标准差——反映基金回报率的波动幅度

在体育比赛中，要赢得金牌的关键是，每一次出击，除了表现优异外，更要保持稳定度，才能在高强度的比赛中脱颖而出。投资理财也是一样。

在投资基金上，基民重视的是业绩。但是，基民往往买进了近期业绩表现最佳的基金之后，基金表现反而不如预期，这是因为所选的基金波动度幅太大，没有稳定表现。衡量基金波动的稳定程度的工具就是标准差。

标准差是指过去一段时期内，基金每个月的收益率相对于平均月收益率

的偏差幅度的大小。基金的每月收益波动越大，那么它的标准差也就越大。

标准差越大，基金未来净值可能变动的程度就越大，稳定度就越小，投资风险就越高。

比如，某只基金一年期标准差是20%，这就表示这只基金的净值在一年内可能上涨20%，但也可能下跌20%。因此，如果有两只收益率相同的基金，基民应该选择标准差较小的基金（承受较小的风险得到相同的收益）；如果有两只相同标准差的基金，则应该选择收益较高的基金（承受相同的风险，但是收益更高）。

建议基民朋友们同时将收益和风险计入，以此来判断基金的优劣。

例如，A基金两年期的收益率为30%，标准差为15%；B基金两年期的收益率为21%，标准差为7%，单从收益率来看，A基金的收益高于B基金，但同时风险也大于B基金。A基金的“每单位风险收益率”为2（0.3÷0.15），而B基金为3（0.21÷0.07）。因此，若仅仅以收益进行评价则是A基金较优，但是经过标准差即风险因素调整后，B基金反而更为优异。

上述5个指标能帮助基民进行基金风险评估，但是，要想获得理想的投资收益，需要考虑的因素还有很多，如基金公司的情况、基金经理的水平等。所以，我们需要不断地加强投资方面的学习，从而提升投资技能。

第四节 基金投资的风险防范

我们经常听到这样一句话，“股市有风险，投资需谨慎”。投资基金也是如此。认识到这一点后，基民要做的是如何降低和控制基金投资的风险。

一、摒弃错误认识

在基金投资实践中，有如下5种心态或认识会影响投资者的投资效益。

1. 错误的投资心理

“听说某某买基金赚了一大笔呢”，“他前不久才买了一只基金，现在就涨了20%了”……类似这样的声音总是不绝于耳。但是，基民需要意识到，基金毕竟不同于股票，它很难在短时间内实现财富的暴涨。

不少投资者因看到他人买基金赚了钱，也想投资基金，于是便将自己的全部积蓄投入到基市中，这样不考虑到自己的实际情况而盲目投资，势必会影响自己的正常生活，另外，投资基金也是存在一定风险的。

基金作为一种理财工具，建议最好是用空闲资金来投资更为合适。

2. 完全依据基金的历史表现来做决策

诚然，基金的历史业绩是投资者投资基金时的一个参考依据，但它并不是唯一依据，因为过去有好的业绩表现并不能代表未来业绩依然好。

3. 缺乏风险意识

基金作为一种理财工具，若运用得当，会为我们带来收益，但它也存在风险。

2013年3月，老张拿出自己的2万元存款全部买了基金，对于基金投资，他并不太懂。在一次性投资和定额投资的选择上，他选择了一次性投资。

投资后的半年，老张看到他购买的几只基金业绩表现都不错，所以他也没想过对自己的投资组合做任何调整。可好景不长，两个月后，他买的几只基金开始下跌。他这样安慰自己：涨跌是正常的，反正已经跌了，就让它这样放着吧。

又过了一段时间，老张再次打开他的基金账户，这下让他傻眼了：买入的基金让他亏了将近6000元。

事后，老张谈起这件事，感慨地说道："我压根就没想到买基金也存在这么大的风险，所以我也就没想怎么去应对风险。其实，我当时要把手中的股票型基金换成货币基金什么的，也就不会亏损这么多了！"

相对于股票而言，基金的风险是较低的，但这并不代表基金投资就没有风险。所以，投资者要记住：投资就会有风险，而且风险与收益永远是成正比的。

4. 没有做好长期持有的准备

投资要讲究一个时点固然没错，但总体而言，投资基金应当做好长期持有的准备。有的投资者将基金当作股票一样，采取短期持有的策略，以期获得高收益，但有时往往适得其反。这是因为一方面频繁地进行基金的申购与赎回，可能会错过基金净值上涨的机会；另一方面，存在交易成本的问题。

5. 投资产品选择不当

不同类型的基金由于投资品种和投资范围不同而呈现出不同的收益风险水平，投资者需要根据自身的风险承受能力和理财目标选择合适的基金种类。如对于风险承受能力较高的投资者，股票型和积极配置型基金是合适的品种；对于风险承受能力不高，并且希望获得稳定收益的投资者，可以选择保守配置型基金和普通债券基金等。

二、规避基金投资风险的3点建议

基金投资有风险，那么，我们如何才能最大化地降低这一风险呢？下面给出了3点建议。

1. 巧用风险指标规避风险

虽然风险统计指标不能消除基金的风险，也不能准确预测未来，但对投资决策还是具有较强的指导性。投资者通过考察风险指标挑选适合自己风险承受能力的基金，而不是一味地追求基金的高回报，是基金投资中的明智之举。

2. 通过试探性投资来降低投资风险

对于缺乏基金投资经验的人来说，不妨采取“试探性投资”的方法来进行投资。即可以从小额单笔投资基金或每月几百元定期定额投资基金开始，以此来作为是否大量购买的依据，从而帮助投资者减少基金买卖过程中的失误率。

假如你有1万元可用作基金投资，前期你不妨先投入1000元，买进某一只基金，几个月后，待你对基金投资的业务有所了解后，再逐步增加投资额。此外还可以以每月定额的方式来购买基金，如每月500元，由于分散了投资的时间，所以，投资的损失也随之得到了降低。

3. 通过组合投资分散风险

进行基金投资时，基民要注意做到分散投资，其策略之一便是进行组合投资，即“不要将鸡蛋放在同一个篮子里”，这是降低投资风险的一个好办法。

组合投资，可以有效地降低证券市场的非系统性风险，这已经得到了现代金融学的证明。投资基金并不是无风险的投资。投资者如果只买一只基金，或无目的地重复购买多只基金，这都不能起到降低风险的作用。如果采取组合投资的方式，有目的地选择、购买几只不同类型、不同风格特征的基金，构建一个有效的基金组合，如此就能达到分散风险，获得持续、稳健收益的目的。

需要说明的是，一个好的基金组合，并不是基金的数量越多越好，而要让组合中单只基金的差异化程度较大。有效的基金组合应该选择不同风格特征的基金，以分散特定风格具有的风险。但是，组合中基金的数量要适度，并不是买的基金越多，风险就越分散。

因此，建议投资者可以根据自己的实际情况，选择两到三家基金公司旗下的几只基金进行组合投资，从而形成个人的投资组合，降低风险。

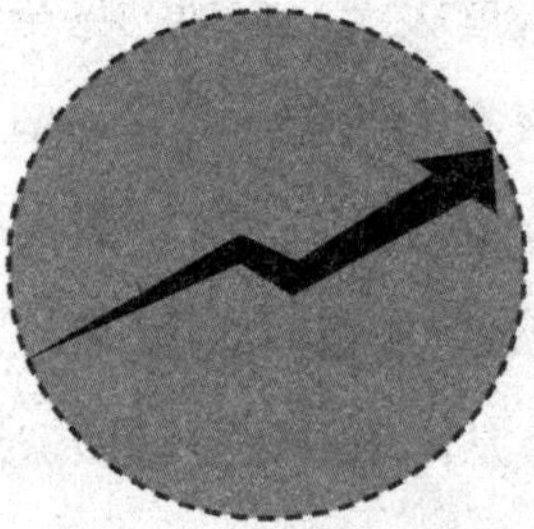

附 录

附录一 大师谈基金投资

一、巴菲特谈基金投资

沃伦·爱德华·巴菲特（Warren Edward Buffett，1930年8月30日），美国企业家、投资家及慈善家，一般人都称他为股神。巴菲特一般不向他人推荐任何股票或基金，但只有一种基金例外，那就是指数型基金。他曾多次公开向投资者推荐指数型基金。例如，巴菲特在1996年致股东的信中说："大部分投资者，包括机构投资者和个人投资者，早晚会发现，最好的投资股票方法是购买管理费很低的指数基金。"具体而言，关于投资指数型基金，巴菲特给出了如下三点建议：

建议一：选择成本更低的指数基金

沃伦·巴菲特在2005年致股东的信中这样说道："成本低廉的指数型基金或许是过去35年最能帮助投资者赚钱的工具。"巴菲特还这样说道："对于大多数想要投资股票的人来说，最理想的选择是收费很低的指数基金。"

与那些由基金经理进行主动选股构建投资组合的共同基金不同，指数基金被动追踪股票指数，基本上投资于大部分甚至所有股票，目标是实现相当于市场平均水平的收益率，不用研究选股，因此管理成本明显低于那些主动型共同基金。指数基金的管理费越低，成本优势越大，净收益率越高。

巴菲特说："我个人认为，如果基金投资者的投资每年要被管理费等吃掉2%，那么你的投资收益率要赶上或者超过指数型基金将会十分困难。因此，中小投资者应安静地坐下来，通过持有指数基金轻松进行投资，时间过得越久，自然积累的财富就会越来越多。"

建议二：定期投资指数基金

巴菲特曾这样说道："我建议他们（非专业的投资者）守住价格便宜的指数基金。他们应该在一段时间内分次购买。"

在牛市下，一次性投资是不错的选择，但毕竟牛短熊长是市场行情的规律。同时，结合指数型基金由于其本身的特性，如果与基金定投这种理财方式结合起来，无疑能提升投资收益。因为基金定投采用的是分批投资的方式，能够有效地平摊成本，降低风险。同样的金额，定投指数基金能够有更多机会以相对低的成本获得更多的基金份额。

建议三：长期投资指数基金

很多人喜欢波段操作，而巴菲特建议长期投资。鉴于普通投资者很难踩准基金买卖的时机，对此，巴菲特的忠告是："当别人贪婪时恐惧，当别人恐惧时贪婪。"而这需要准确的判断和坚强的意志，这也是业余投资者难以做到的，因此更简单、更轻松的办法就是长期投资。

二、彼得·林奇谈基金投资

彼得·林奇是麦哲伦100万共同基金的创始人，由他执掌的麦哲伦基金13年间资产增长27倍，创造了共同基金历史上的财富神话。彼得·林奇是著名的选股型基金经理，美国最有名的《时代》周刊称他是第一理财家。

作为一个成功的基金管理人，彼得·林奇对普通投资者如何投资基金、如何挑选基金给出了他的建议。

建议一：尽可能投资于股票基金

他给出的理由之一是，从证券市场的长期发展来看，持有股票资产的平均收益率要远远超过其他类别资产。因此，如果一个投资者把投资作为家庭长期财务规划的一部分，追求长期的资本增值，就应该把可投资资金尽可能购买股票类资产。

当然，这一法则也并不是说投资者可以盲目持有股票基金。这么做需要两个前提：其一，这部分资金应该是以长期资本增值为目的的投资，它是不会影响个人或家庭正常的财务状况的资金；其二，投资者还需通过挑选优秀的股票型基金，组合不同的投资风格以达到规避股市调整风险的目的。

建议二：忽视短期表现，选择持续性好的基金

基金业中的短跑冠军未必是长跑冠军，这一结论在国外与国内的投资市场都得到了验证。对基民而言，需要弄清楚的是所选基金取得业绩冠军背后的原因是什么？它在未来更长一段时期内的业绩表现是否稳定、是否表现出持续性更为重要。

建议三：不要冒风险去投资新基金，应花精力去选择那些历史业绩表现优秀的老基金

基民朋友完全可以通过金融杂志、证券报纸及其他渠道找到多年来表现突出的基金，这样有助于获得更好的投资收益。

建议四：适时投资行业基金

彼得·林奇建议投资者：在适当的时机，可以投资行业基金。

所谓行业基金，是指投资某特定行业股票的一种基金品种。彼得·林奇认为："理论上讲，股票市场上的每个行业都会有轮到它表现的时候。"因此，彼得·林奇的简单投资法则是，在往组合中增加投资时，选择近期表现暂时落后于大盘的行业。投资者需要做的是，如何确定表现暂时落后于大盘的行业。

建议五：按基金类型来评价基金

彼得·林奇为投资者指出了分析基金收益对比的一个基本原则，就是投资者比较基金收益的差异，要基于同一投资风格或投资类型，而不能简单地只看收益率。

建议六：组合投资，分散基金投资风格

彼得·林奇认为，“随着市场和环境的变化，具有某种投资风格的基金管理人或一类基金不可能一直保持良好的表现。”因此对不同风格的基金进行组合是必要的。

三、约翰·邓普顿谈基金投资

约翰·邓普顿是邓普顿集团的创始人，他被誉为全球最具智慧及最受尊崇的投资者，美国《福布斯》杂志称他为“全球投资之父”及“历史上最成功的基金经理”。

“行情总在绝望中诞生，在半信半疑中成长，在憧憬中成熟，在希望中毁灭。”这是约翰·邓普顿的格言，也是他一切投资行为的指引。对于普通投资者而言，他提出了很多有价值性的建议，下面列举了其中的几条。

建议一：投资前要做足功课

投资并不能单单依靠直觉。邓普顿说过：“创造出一份出色的投资记录，需要做大量的研究和工作，这比绝大多数人想象的要难得多。”

建议二：投资理财产品要看其价值

投资者要购买物有所值的东西，而不是市场趋向或经济前景，但熊市也并不总是伴随着经济衰退。

建议三：分散化投资

约翰·邓普顿曾这样说过："唯一不要分散化投资的是那些能够永远百分之百正确的投资者。"他会向任何潜在的投资者宣扬包含不同种类投资产品的投资组合的优点。

建议四：时时跟踪、检验自己的投资

没有什么投资是永远的，要对预期的改变做出适当的反应，不能买了只股票便永远放在那里，美其名曰"长线投资"。

建议五：要从错误中学习

避免投资错误的唯一方法是不投资，但这却是你所犯的最大错误。不要因为犯了投资错误而耿耿于怀，更不要为了弥补上次损失而孤注一掷，而应该找出原因，避免重蹈覆辙。

附录二 基金代码一览表

一、开放式基金代码一览表（部分）

开放式基金代码一览表（部分）

基金名称	基金代码	基金公司
华夏成长	000001	华夏基金管理有限公司
华夏大盘精选	000011	
华夏优势增长	0000021	
博时精选	050004	博时基金管理有限公司
博时稳定价值债券	050006	
博时平衡配置	050007	
易方达平稳增长	110001	易方达基金管理有限公司
易方达策略成长混合	110002	
易方达价值精选	110009	
南方稳健成长2号	202002	南方基金管理有限公司
南方高增长	160106	
南方积极配置基金	160105	
广发聚富	270001	广发基金管理有限公司

续表

广发稳健增长	270002	广发基金管理有限公司
广发优选	270006	
天弘精选	420001	天弘基金管理有限公司
天弘永定价值成长	420003	
天弘永利债券A	420002	
嘉实研究精选股票	070013	嘉实基金管理有限公司
嘉实主题新动力股票	070021	
嘉实债券	070005	
中银增利	163806	中银基金管理有限公司
中银增长	163803	
中银策略	163805	
工银核心价值股票	481001	工银瑞信基金管理有限公司
工银稳健成长股票	481004	
工银精选平衡混合	483003	
华安创新	040001	华安基金管理有限公司
华安现金富利	040003	
华安上证180ETF	510180	

二、封闭式基金代码一览表（部分）

封闭式基金代码一览表（部分）

基金名称	基金代码	基金公司
嘉实丰和价值封闭	184721	嘉实基金管理有限公司
基金泰和	500002	
基金丰和	184721	

续表

基金安久	184709	华安基金管理有限公司
基金安信	500003	
基金安顺	500009	
基金安瑞	500013	
基金金泰	500001	国泰基金管理有限公司
基金金鑫	500011	
基金金鼎	500021	
基金汉盛	500005	富国基金管理有限公司
基金汉兴	500015	
基金汉鼎	500025	
基金汉博	500035	
基金景阳	500007	大成基金管理有限公司
基金景业	500017	
基金景宏	184691	
基金景博	184695	
基金景福	184701	
基金兴华	500008	华夏基金管理公司
基金兴和	500018	
基金金元	500010	南方基金管理有限公司
基金天元	184698	
基金普润	500019	鹏华基金管理有限公司
基金普惠	184689	
基金普丰	184693	
基金科讯	500029	易方达基金管理有限公司
基金科瑞	500056	

续表

基金科翔	184713	易方达基金管理有限公司
基金通乾	500038	融通基金管理有限公司
基金通宝	184738	
基金银丰	500058	银河基金管理有限公司
基金开元	184688	南方基金管理有限公司
基金同益	184690	长盛基金管理有限公司
基金同盛	184699	
基金裕隆	184692	博时基金管理有限公司
基金裕华	184696	
基金裕泽	184705	
基金天华	184706	银华基金管理有限公司
基金兴科	184708	华夏基金管理有限公司
基金久富	184720	长城基金管理有限公司
基金久嘉	184722	

附录三 基金排行表

一、2013年国内十大基金公司排名

2013年国内十大基金公司排名

排名	基金公司名称
1	华夏基金管理有限公司
2	天弘基金管理有限公司
3	嘉实基金管理有限公司
4	易方达基金管理有限公司
5	南方基金管理有限公司
6	中银基金管理有限公司
7	广发基金管理有限公司
8	工银瑞信基金管理有限公司
9	博时基金管理有限公司
10	华安基金管理有限公司

以上“2013中国十大基金公司排名”的结果由今年该行业整体运营状况、各个品牌经营情况、市场调查统计、消费者反馈及品牌影响力综合统计得出。

二、2013年业绩排名前5的各类基金

2013年标准股票型基金前5名

排名	基金代码	基金名称	份额净值（单位：元）	2013年净值增长率
1	590008	中邮战略新兴产业股票	1.8850	80.38%
2	080012	长盛电子信息产业股票	1.1730	74.26%
3	519679	银河主题策略股票	1.9260	73.51%
4	260104	景顺长城内需增长股票	4.5720	70.41%
5	260109	景顺长城内需贰号股票	1.1960	69.14%

2013年指数型基金业绩前5名

排名	基金代码	基金名称	份额净值（单位：元）	2013年净值增长率
1	159915	易方达创业板ETF	1.2781	78.51%
2	159909	招商深证TMT50ETF	3.6190	51.68%
3	159918	嘉实中创400ETF	1.2746	41.09%
4	159911	鹏华深证民营ETF	3.1907	26.63%
5	519034	海富通中证内地低碳指数	1.1700	26.35%

2013年债券型基金业绩前5名

排名	基金代码	基金名称	份额净值（单位：元）	2013年净值增长率
1	350006	天治稳健双盈债券	1.1818	11.48%
2	410004	华富收益增强债券A类	1.123	9.38%
3	630003	华商收益增强债券A	1.082	6.68%
4	165517	信诚双盈分级债券	1.147	6.60%
5	040036	华安安心收益债券A	1.074	6.34%

2013年混合基金排名前5名

排名	基金代码	基金名称	份额净值（单位：元）	2013年净值增长率
1	213006	宝盈核心优势混合A	1.0467	56.37%
2	630005	华商动态阿尔法混合	1.298	51.46%
3	290005	泰信优势增长混合	1.16	42.45%
4	240008	华宝兴业收益增长混合	4.05	39.28%
5	410001	华富竞争力优选混合	0.6402	38.87%

2013年QDII基金业绩前5名

排名	基金代码	基金名称	份额净值（单位：元）	2013年净值增长率
1	270023	广发亚太精选	1.3640	43.43%
2	100061	富国中国中小盘	1.5650	39.11%
3	118002	易方达标普消费品指数	1.4150	31.51%
4	270042	广发纳斯达克100指数	1.2370	29.53%
5	160213	国泰纳斯达克100指数	1.4860	29.33%